あなたの運気をガクッと下げる

やってはいけないブラック風水

愛新覚羅ゆうはん

よしこさん

yuhan
2018.2.10

主婦の友社

Contents

はじめに
Introduction

運命をコントロールして、豊かな人生を手に入れたいと思いませんか？

そんな方にぜひ、この本を読んで実践してみてほしいのです。環境学の『風水』で本当に人生が変わるの？　とお思いの方や、『風水』と聞くと方角を気にして、アイテムやカラーにしばられるというイメージがある方でも『ブラック風水』は実践しやすく、効果が出やすいように考えてあります。

お部屋の中の『天使（陽の気）』を増やして『悪魔（陰の気）』を減らし、全体のバランスを中庸に持っていく――豊かな環境をまずは整えましょう。

愛新覚羅ゆうはん

Yuhan's Black Feng shui

ブラック風水とは

本書では『ブラック＝悪魔（陰の気）』『ホワイト＝天使（陽の気）』とたとえ、あなたのお部屋がブラックの状態なのか、ホワイトの状態なのかをチェックしながら、悪魔だらけのお部屋から天使に守られるお部屋へと導きます。

「運を引き寄せたいけど、風水は難しそう」「色々やってみたけどうまくいかない」と諦めてはいませんか？　運命を変えて、自信をつけたい方は、まずは環境を見直すことが大切です。人生に欠かせない衣食住に関する問題は、風水で解決できることが多いのです。

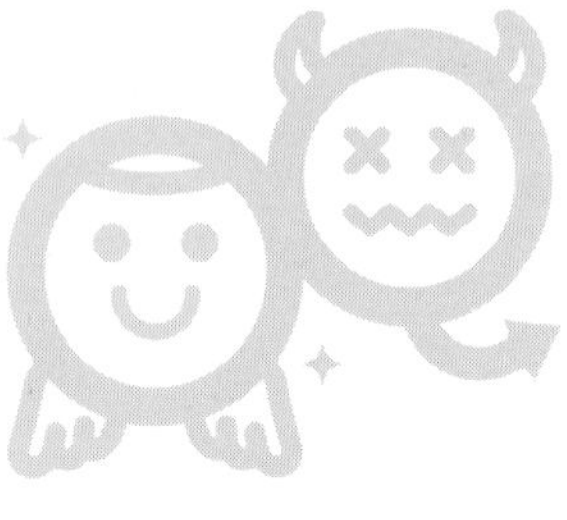

皆さんは、『ブラック』と聞くと、〝悪魔、魔術、闇、恐怖、死、重たい、不吉、不安〟など、陰気なイメージが先に思い浮かぶのではないでしょうか。しかし、ポジティブに考えると、〝ミステリアス、小悪魔、夜、まじない、細く見える〟といったイメージもあるはずです。

このように、『ブラック』というカラーにも陰陽があります。黒礼服やカラスなどを連想させる、光彩がないカラーなので、どうしても陰気が優位になってしまうのでしょう。

私自身、ブラックは〝着やせする、秘めた魅力、妖しさ〟などポジティブイメージがある一方、〝闇夜、悪魔、凶事〟といったネガティブイメージもあります。

Yuhan's Black Feng shui

風水とは

風水は、中国の黄河文明から存在したと言われ、環境学という学問に分類されます。しかし、紀元前に発祥したものが、果たして21世紀にも通用するのだろうか？　という疑問のもと、私は長く研究を重ねてきました。

歴史的な話になってしまいますが、中国という国は大変大きな国で、過去には何度も革命が起こりました。１００年以上前までは、王朝があった国でもあります。その歴史が変わるとき、その前の文化や芸術を消滅させる運動がたびたび起こりました。そのため、現存している風水は、言い伝えや奇跡

的に残った文献などの情報をもとにしていて、数々の流派が存在します。

風水といえば、〝木、火、水、金《ごん》、土〟の『陰陽《いんよう》五行《ごぎょう》説』が大変有名ですね。「木は火を生じ、火は土を生じ、土は金を生じ、金は水を生じ、水は木を生ず」という関係を『五行相生《そうせい》』といい、「水は火に勝（剋）ち、火は金に勝ち、金は木に勝ち、木は土に勝ち、土は水に勝つ」という関係を『五行相剋《そうかつ》』と言います。これについては、次のページからさらに詳しくお伝えします。

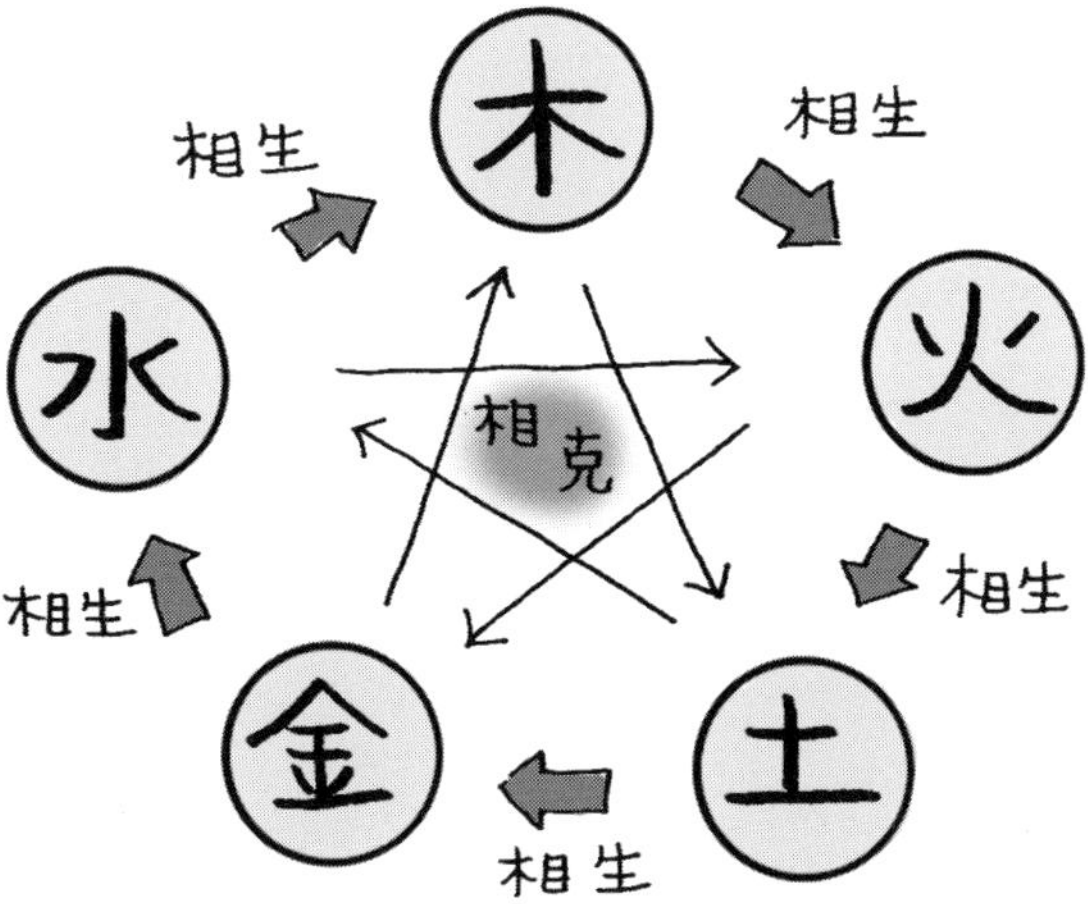

Yuhan's Black Feng shui

陰陽五行とは

『陰陽五行』とは、万物には陰陽があり、〝木、火、水、金、土〟5つの要素によって成り立つという考え方です。私はこれらを『気質』として風水に取り入れています。『気』を眼には見えない自然の波長のようなものと捉え、本来人間には『気』を感じる力が備わっていると考えています。〝環境に左右される〟という言葉には、まさに風水が関わっていることが多いのです。

季節のものやその土地のものを食べる、体調が悪くなったら故郷で養生するなど、人間は自然と生まれ故郷の『気』に合うところを選び、運気を活性

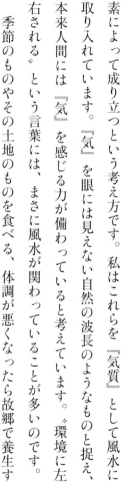

化しているように感じます。だからこそ、付き合う人はもちろん、住む環境も大切なのです。悪い環境にいれば健康や命にも関わってきますし、良い環境にいれば、そこは平穏無事に過ごせる充電居空間となるでしょう。

風水発祥から4千年が経った今、地球は様々な天災などを経て成長し、磁場も龍脈にもわずかながら変化が感じられます。中国と日本では土地が変われば人も変わるわけですから、私は日本の五行を探るため、全国各地を旅しながら、土集め、水集めをしました。

各地の風を感じ、土に触れ、水を飲むことでわかったのは、日本は五行の中でも〝水〟に美しい磁場があるということ。そこで、日本に合う、日本人のための風水を独自に編み出したのです。

Yuhan's Black Feng shui

天使と悪魔について

天使や悪魔を知らないという方は少ないと思いますが、ここにも二極化した陰陽があります。一体どのような役割があると思いますか？

一般的に、「天使は善」「悪魔は悪」というイメージが大半だと思いますが、実際に私が様々な宗教学、天使学、悪魔学、聖書などを勉強して辿《たど》りついたひとつの思想分析があります。

それは、「平和こそが正しいという正義」が天使で、「争いがなければ平和は生まれないという正義」が悪魔ということです。

つまり、どちらも同じ〝正義〟なのであって、正しさの根底にある主張が違うだけなのです。この考えは、今の資本主義社会と大変似ているように感じます。私たちは、何が『善』で何が『悪』であるかを常に問われる世界で、何が『正しくて』何が『間違っている』かを選択させられる環境にあります。

そのような状況だからこそ、自分に本当に合った〝真実の選択〟ができるはずです。そんな天使と悪魔を、本著では風水の良い例と悪い例で表現し、わかりやすくアドバイスしていこうと思います。あなたのお部屋には天使が住みついているかしら？　それとも悪魔だらけのお部屋かしら……？

Yuhan's Black Feng shui

ゆうはん流風水とは

講座に来てくださった方から、ときに「ゆうはんさんは風水をどこで学んだのですか?」と聞かれることがあります。しかし実は、どこかの協会に所属していたり、学校で学んできたりしたわけではなく、これは小さい頃から親に教えてもらった帝王学のようなものです。

「ここにこれを置いたらお金が貯まりませんよ」

「ここにはこれを置くと良い人脈が増えるのよ」

など、母、子、孫と、代々家庭教育の中で培われていった生活の知恵のようなものなのです。

現代の中国では様々な革命を経て、占い・風水は国民をまやかすものとして淘汰されてきましたが、家庭教育での伝承と、学問としての研究で残ったものを私なりにアレンジしてきました。

風水と聞くと、「方角をしっかり守らないと効果がない」「西に黄色を置けばお金持ちになるんでしょ？」などといったイメージをする方が多いようです。しかし残念ながら、ただ方角をしっかり守って西に黄色いものを置いたからといって、人生がうまくいき、お金持ちにはなることはないでしょう。なぜなら真の風水というものは、「自らの気を整えるために環境をほどこすという意識」が大切だからです。環境だけ整えればいいという考えでは、運は決して巡ってはきません。

私たちの生命を維持する気は、口から入ってお尻から出ていきます。ちくわに例えるとわかりやすいでしょう。そのため、呼吸のための空気や空間、息を交わし合う対人、発される言霊、着る服、飲む水や食事を良い方向へ導くことで、気の循環も良くなっていきます。

つまり、私たちの生活に欠かせない衣食住をコーディネートするものこそが風水なのです。「風水の効果は本当にあるの？」と思われる方もいるかもしれません。その効果はすぐに現れる人もいますが、大体3カ月から半年で何かしらの良い導きがあったという報告を耳にしています。効果がない場合は、自分自身の感情・執着の精査や、根本的な土地の問題を見直してみましょう。

そして衣食住にプラスして、私は「心（感情）・動（行動）・術（仕事）」が合わさることで、魂の軸が完成すると考えています。これらをベースに今すぐ取り入れられる風水、それが『ゆうはん流風水』なのです。

では、次のページから具体的な説明に入っていきましょう。

悪魔の玄関

Bad

Devil's entrance

玄関はあなたの第一印象だと思ってください。暗く、ジメジメとした玄関では、良いご縁や出会いにもなかなか恵まれません。

玄関にのれんが掛かっている
人形やぬいぐるみがいっぱい
車輪がついたもの（自転車、ベビーカー、三輪車など）がある
壊れた傘や、穴があいた靴を放置
ダンボールや書類の束が積まれている
ハサミやカッターなどの刃物を置きっぱなし
Before

天使の玄関

Good

Angel's entrance

湿気の問題を改善して、明るくスッキリとした空間にしましょう。外からの邪気を祓うアイテムを加えて、より清らかな空間へ。

音が鳴り、キラキラ光るものがある（ドアを開けると音が鳴るのも◎）
良い香りの芳香剤やアロマがある
鏡（できればオーバルや丸や角丸）が飾られている
その年の干支の置物がある
盛り塩がわりにピラミッドのヒマラヤ岩塩を
玄関マットは丸かオーバル（カーブがあれば四角でも可）
After

Bad

悪魔のリビング

Devil's livingroom

リビングは家族が集まってリラックスする場所。角張った家具が多かったり、光を遮る家具で覆いつくされたりしていませんか？

遮光カーテンで光があまり入らない
ドアを遮るように家具が置かれている
脚のない家具がある（空気の通り道がない）
家具がメタリック
床に書類や衣類などが積まれている
角張ったテーブルやインテリアが多い
Before

Good 天使のリビング

Angel's livingroom

空気の通り道を作り、掃除しやすい空間にしましょう。家族が集う場所なので、グリーンやウッドの暖かい色合いがおすすめです。

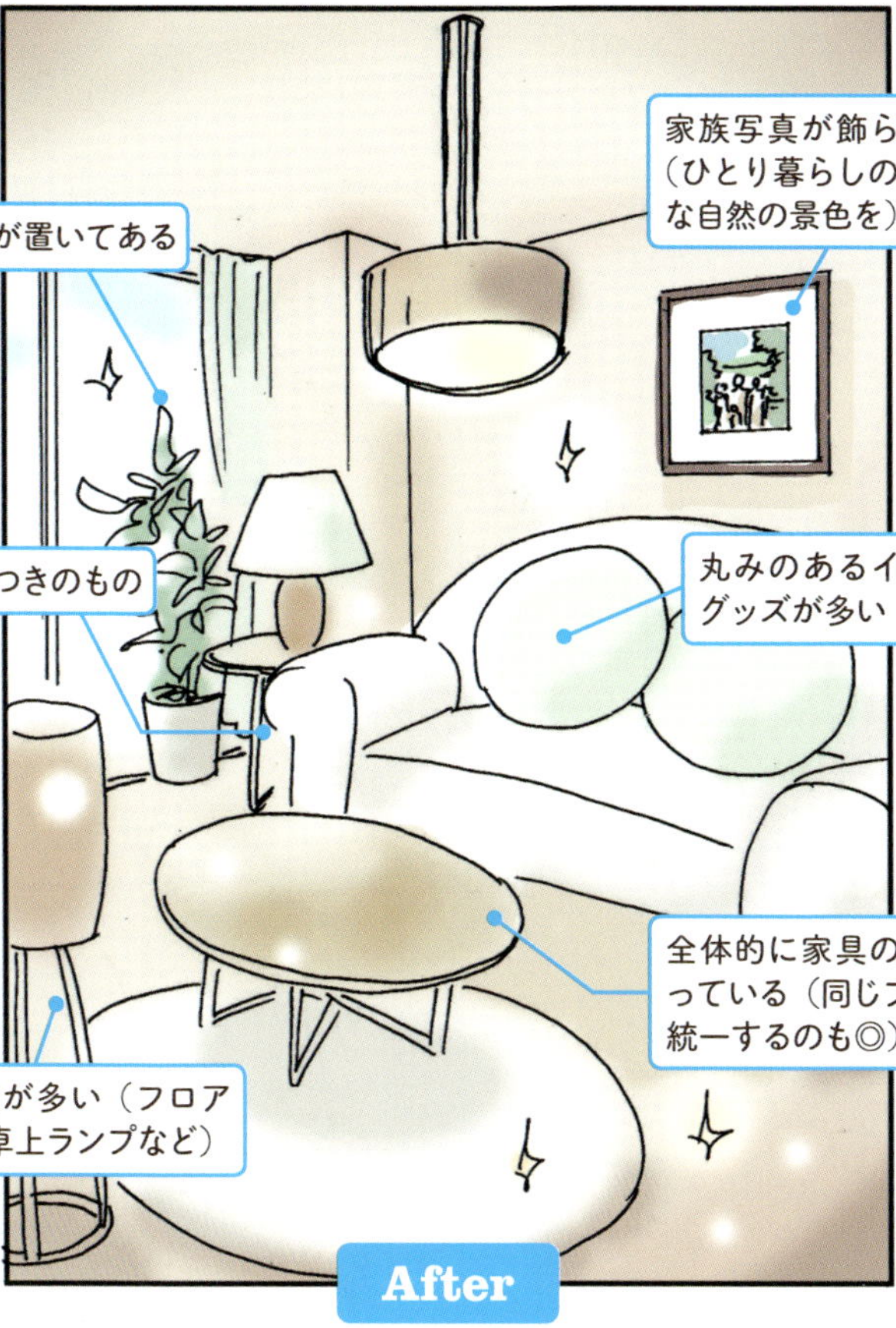

家族写真が飾られている（ひとり暮らしの人は壮大な自然の景色を）
観葉植物が置いてある
家具は脚つきのもの
丸みのあるインテリアグッズが多い
全体的に家具の高さが合っている（同じブランドで統一するのも◎）
照明器具が多い（フロアライト、卓上ランプなど）
After

Bad

悪魔のキッチン

Devil's kitchen

キッチンは相対する『火』と『水』が交わる場所。汚いと夫婦喧嘩や恋人との不和が絶えず、ダメンズとの出会いが増えることに！

冷蔵庫やレンジの上に物が置いてある
冷蔵庫にチラシを貼っている
コンロの周りに色々なものが置いてある
洗い物が溜まって、シンクが臭っている
ふきんやタオルが古くて臭い
ゴミ箱にふたがない
Before

Good 天使のキッチン

Angel's kitchen

『火』と『水』を中和させるのは『木』のエネルギー。観葉植物を置きつつ、キッチン全体をグリーンやホワイトで統一しましょう。

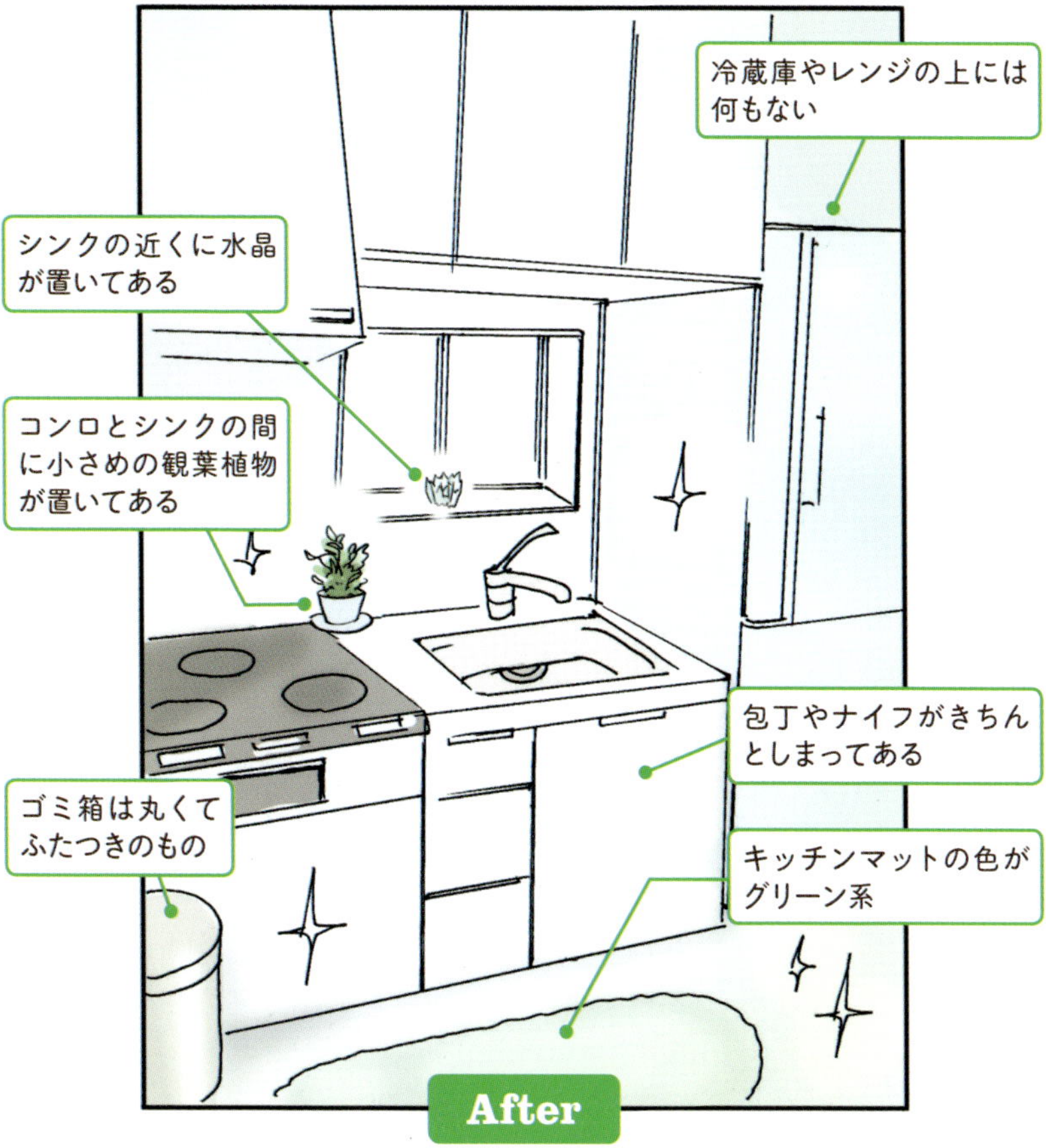

冷蔵庫やレンジの上には何もない
シンクの近くに水晶が置いてある
コンロとシンクの間に小さめの観葉植物が置いてある
包丁やナイフがきちんとしまってある
ゴミ箱は丸くてふたつきのもの
キッチンマットの色がグリーン系
After

Bad

悪魔のトイレ

Devil's toilet

トイレは『陰』の気の象徴で、どうしても暗くジメジメとしてしまいがち。とくに、水場の床に色々なものを置くのはタブーです。

湿気とホコリだらけ
トイレのふたは常に開けっぱなし
カラーが水色、グレー、黒のアイテムが多い
トイレの床に色々なものが置かれている
雑誌や本がたくさん積まれている
マットやカバーなどが何もない
Before

Good

天使のトイレ

Angel's toilet

床のものをしまって綺麗に掃除をすることで健康運がアップ。暖色のものやキラキラしたものを置けば、邪気を祓はらってくれます。

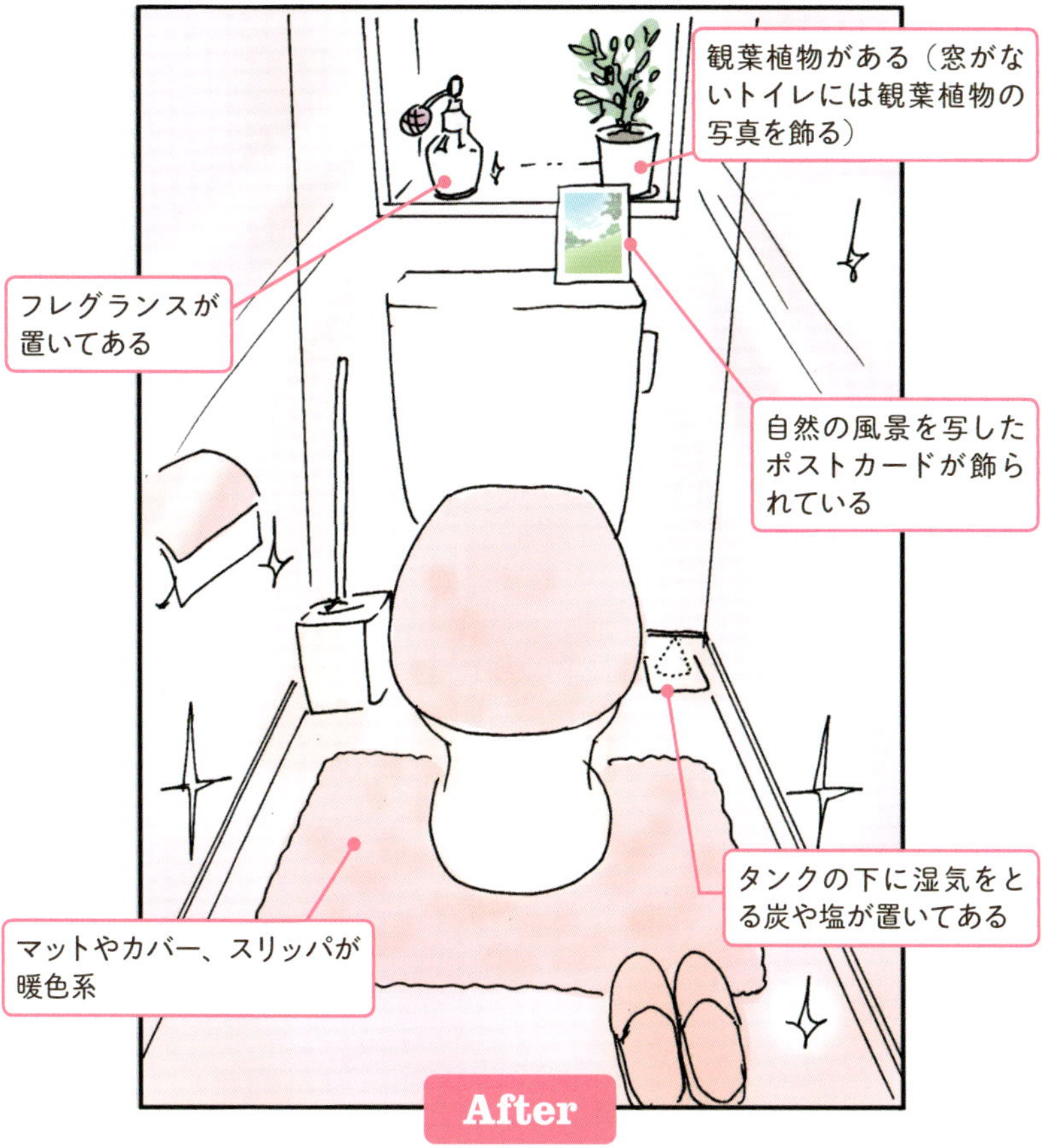

観葉植物がある（窓がないトイレには観葉植物の写真を飾る）
フレグランスが置いてある
自然の風景を写したポストカードが飾られている
タンクの下に湿気をとる炭や塩が置いてある
マットやカバー、スリッパが暖色系
After

Bad
Devil's bathroom
悪魔のバスルーム

Good
Angel's bathroom
天使のバスルーム

水場のバスルームに、湿気や水滴が多いと美容運がダウン。美しくなりたい人は、バスルームを重点的に掃除しておきましょう。

Bad

Devil's bedroom

悪魔のベッドルーム

ドアを開けるとすぐ枕がある
枕のそばや上にたくさんものが置いてある。ぬいぐるみがいっぱい
テレビ、スマホなどの電化製品がたくさん並んでいる
姿見が置いてあり、メイク道具が散乱している
ベッドの下に引き出しがあって隙間がない
Before

Good

Angel's bedroom

天使のベッドルーム

電化製品が少なく、テレビは布でカバーされている
ぬいぐるみなどはなく、家族写真が1枚飾られている
枕の周りはすっきりと整頓
ベッドの下に引き出しがない
部屋全体のカラーが統一されている
After

ベッドルームは1日の疲れを取って、ゆっくりと心身を休ませる空間。睡眠の障害となるものは片づけ、ほっと癒される空間作りを。

Bad

Devil's balcony

悪魔のバルコニー

洗濯物が何日も干しっぱなし
枯れた植物がそのまま放置
物置がわりになっている
ゴミが溜まっている
壊れた家電が置かれている
落ち葉やゴミが散乱している
Before

Good

Angel's balcony

天使のバルコニー

洗濯物が乾いたらすぐに取り込んでいる
グリーンやお花が多い
うさぎの置物や天使の置物が置いてある
物置や壊れた家電が置かれていない
ベランダ用のスリッパがある
After

外からの気を内に入れる最初の器がバルコニーです。ここが汚いと、淀んだ運気が入ってくることに。しっかりとしたケアが大切です。

Bad Devil's closet 悪魔のクローゼット

靴もしまわれている
2年以上着ていない服がしまってある
湿気が溜まり、異臭がする
脱いだ服や紙袋、ゴミかわからないようなものが突っ込まれている
家電が一緒に入っているなど、雑多に散乱している
Before

Good Angel's closet 天使のクローゼット

炭や湿気剤や芳香剤が置かれている
小物類がきちんと整理されている
不要なものがなく開放感がある（空気の通り道がある）
紙袋などが、まとめてすっきりと収納してある
After

クローゼットの中がごちゃごちゃした状態だと、金運が落ちることに。いらないものは捨てる勇気を持って、きちんと整理整頓を。

Bad

Devil's office

悪魔のオフィス

デスクに食べものや散らかした書類などが雑多に置いてある
人の写真やぬいぐるみがたくさん飾ってある
脱いだ服や靴下、靴、衣類などがなぜかしまってある
デスクの下が書類だらけでごちゃごちゃしている
Before

Good

Angel's office

天使のオフィス

入り口
東
お花の写真や、水や海の写真がデスクに飾られている
電磁波除けグッズや観葉植物が置いてある
いらない書類はシュレッダーするかファイリングしてある
衣類、食品などはデスクに置かず、更衣室にしまってある
After

オフィスのデスクや収納は、台所と書斎が合わさったようなもの。雑多になりやすい分、仕事が捗る空間作りを常に心掛けましょう。

Bad

Devil's bag

悪魔のバッグ

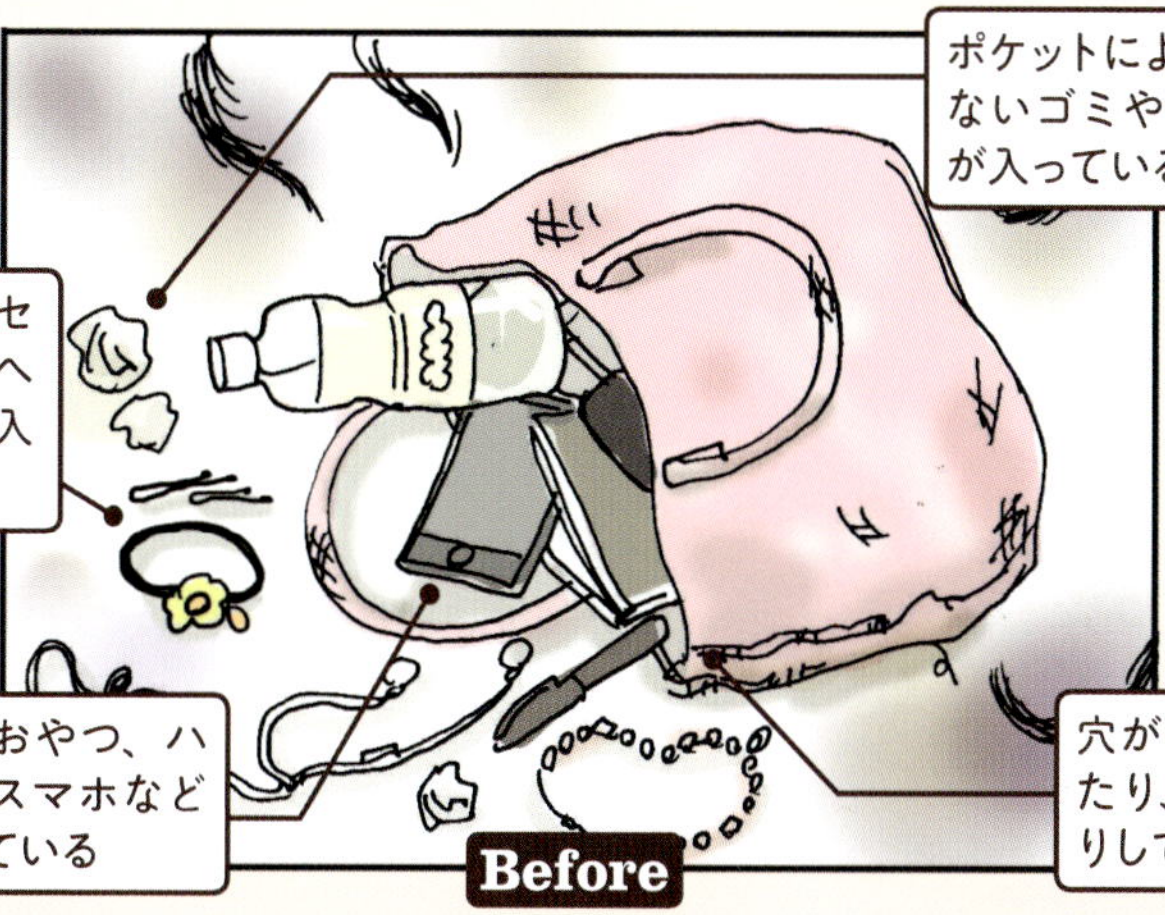
Before
ポケットによくわからないゴミやレシートが入っている
ヘアアクセサリーやヘアピンが入っている
化粧品、おやつ、ハンカチ、スマホなどが散乱している
穴があいていたり、汚れたりしている

Good

Angel's bag

天使のバッグ

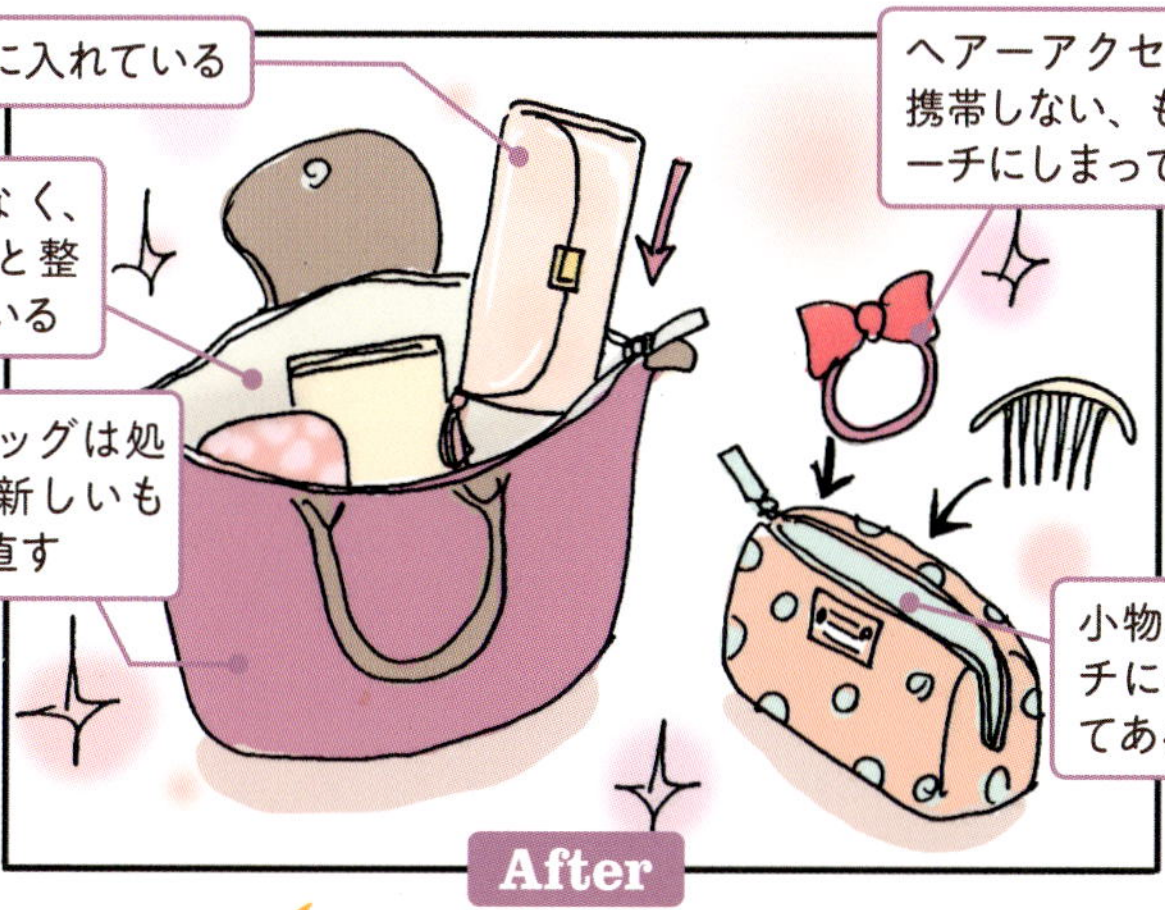
After
財布を縦に入れている
ヘアーアクセサリーは携帯しない、もしくはポーチにしまってある
ゴミがなく、すっきりと整頓されている
壊れたバッグは処分して、新しいものを買い直す
小物類はポーチに小分けしてある

バッグの中はトイレより菌が溜まっていて汚いと言われています。いらないものは処分し、汚れたバッグは使わないことが重要です。

Bad
Devil's wallet
悪魔の財布

穴があいていたり、ファスナーがスムーズに開かなかったりする
内布や革が汚れているのに、3年以上同じ財布を使っている
お守りやキーホルダーがじゃらじゃらついている
お財布が閉まらないぐらいパンパン
いらないカードやレシートが大量に入っている
Before

Good
Angel's wallet
天使の財布

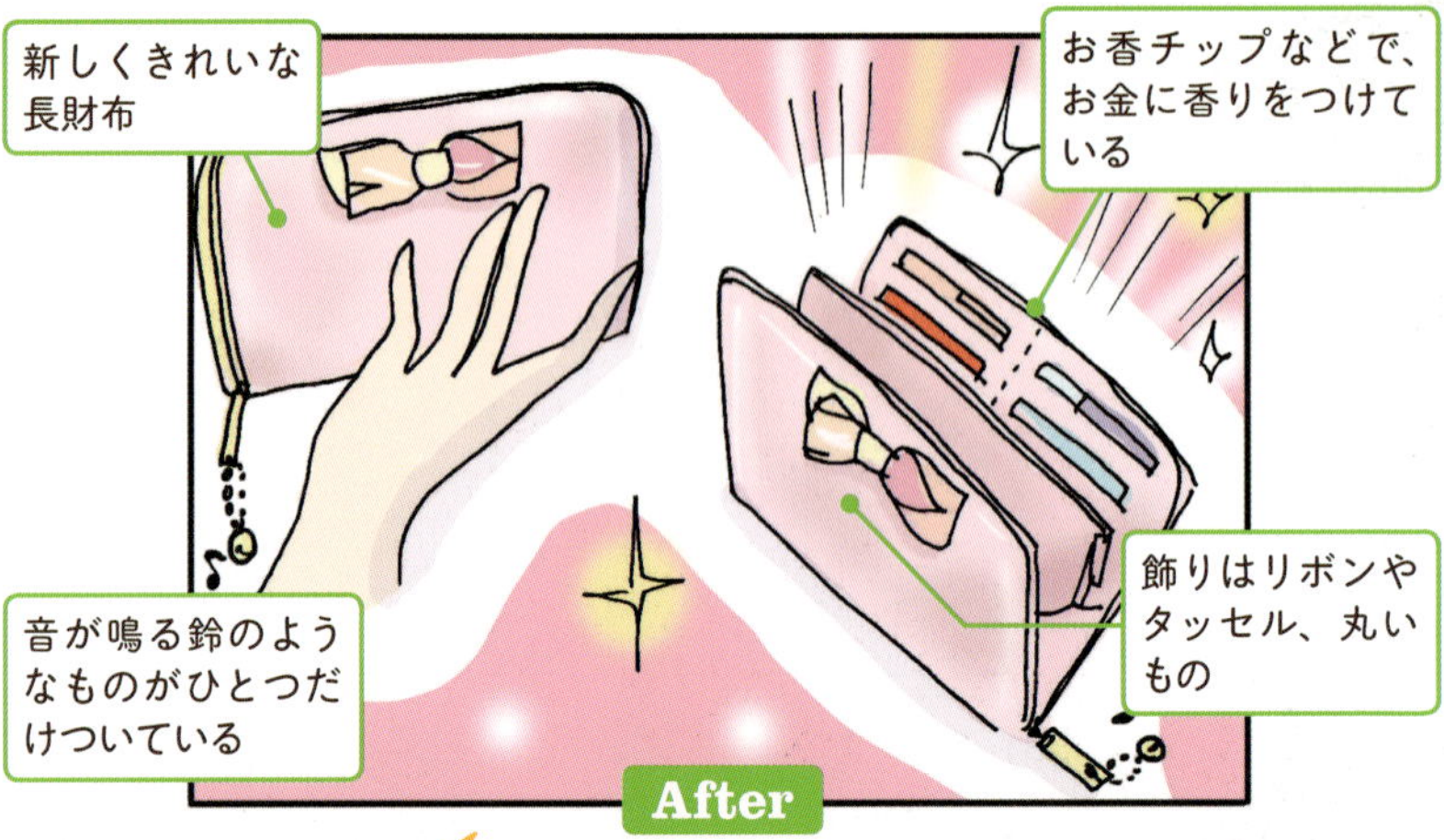
新しくきれいな長財布
お香チップなどで、お金に香りをつけている
音が鳴る鈴のようなものがひとつだけついている
飾りはリボンやタッセル、丸いもの
After

財布はそのまま金運と人脈運に直結します。古いものやパンパンの状態では良い運気が循環しないので、きちんと整理整頓を。

第1章

やってはいけない悪魔の玄関

暗くジメジメした玄関から明るく美しい玄関へ

玄関は内と外を繋ぐ最初の場所です。そして、お部屋の第一印象を決める大切な場所でもあります。疲れたあなたを最初に迎えてくれて、遊びにきてくれた友人や恋人たちを歓迎してくれる場として、玄関の役割があります。入口と出口をつかさどる玄関は、出入りの頻度も多いため、どうしてもホコリが溜まりやすい場所でもあります。

ホテルや旅館などが良い例です。入口やロビーが暗く雑多で汚れていたら、「うわ！　泊まりたくない」と思うでしょう。

暗くて湿気がたっぷりのジメジメとした入口は、どんな人でも快適には感じないはずです。しかし、日本の住居は、玄関が暗くて湿気の多い方角に面している間取りが大変多いのです。

リビングなど窓のある場所を東南、南西にすると、どうしても玄関が北や北東に面してしまいます。ところが、古代風水通りに考えると、このような日本の住居（とくにワンルームタイプ）は、『凶相』となってしまうのです。

そのため、ゆうはん流風水では、根本的な解決が難しい場合、インテリアグッズやカラーなどで補助していきます。古代風水をモットーにしている風水師から見たら、「そんなの風水じゃない！」と言われるかもしれません。しかし古代風水の考えに従うと、引っ越しを考えるか、一から家を設計・建築しなければならないのです。ゆうはん流風水は、そんなお金はない、できれば現状のお部屋のまま少しでも運気をあげたい、という人のために構成しています。そもそもお部屋が汚い、ホコリっぽい、湿気が多いという問題は、環境を整える以前の根本的な問題です。まずはそこから解決していきたいと思います。

Bad!

姿見をトビラの正面に置く

玄関に入って目の前に全身を映す鏡があると、良い運気も跳ね返してしまうので、できるだけ左右のどちらかに置きましょう。正面にしか鏡を置くスペースがない場合は、姿見ではなく、丸やオーバル、八角などのバストアップのみを映す鏡に変えてください。

Bad!

家族や子どもの写真をたくさん飾る

玄関のちょっとしたスペースに、家族写真や子どもの写真、結婚式の写真などをたくさん飾ると、良い運気を跳ね返してしまいます。玄関は外から悪い邪気が入ってくる場所なので、写っている人にも災いが降りかかります。玄関ではなくリビングに飾りましょう。

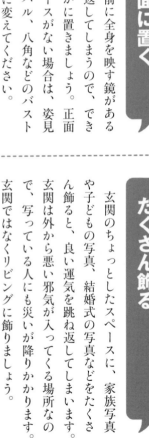

Bad!

食べ物や生ゴミを置きっぱなし

玄関に湿気を含んでいる食べ物や生ゴミが置いてあると、家全体の運気を下げることに。次の日がゴミ出しの日だからと、置きっぱなしにしていませんか？　もちろん、生ゴミだけでなく、ダンボールなどの不要なものも溜めずにすぐ捨てましょう。

Bad!

穴があいた靴や汚れている靴がある

靴箱の中は、外からの邪気が染みついた靴がしまってあります。湿気も溜まりやすいので、炭や除湿剤を置きましょう。穴があいた靴や、2年以上履いていない靴、汚れが目立つ靴は思い切って捨てることが大切。そのままでは健康運や出会い運が悪くなります。

Bad!

盛り塩を取り換えていない

玄関に盛り塩が良いのは確かですが、長期間固まったまま放置してはいませんか？　湿気を吸った塩は処分し、新しい盛り塩を用意して、玄関の左右、入り口を邪魔しないところに置きましょう。盛り塩を置くのが難しい人は、丸やピラミッド型のヒマラヤ岩塩を。

Bad!

傘が濡れたまま置いてある

雨の日に帰宅して、傘を乾かさずにそのまま玄関や傘立てに置いてはいませんか？　恐らく、雨水が玄関の床に溜まっているのではないでしょうか。良い運気を育むのに、湿気や水分は大敵です。外で傘を広げて、しっかり乾かしてからしまいましょう。

Bad!

カレンダーや予定表を貼っている

風景のカレンダーや何も記入していなければまだいいのですが、スケジュールがみっちり書かれているカレンダーや予定表を飾っていると、お金の出入りが激しくなり、心身が休まらないことに。玄関には飾らず、予定は手帳などで把握するようにしましょう。

Bad!

枯れた花や観葉植物を放置している

お花や観葉植物を飾ることは、玄関がいきいきと活性化されるのでとても良いことです。しかし、枯れたまま放置してしまうのは逆効果。面倒くさがりな人は無理をせず、生花や観葉植物が描かれたポストカードを飾って、代用するようにしてください。

Column 1

よくないとわかっているのに、ついついやってしまう生活習慣ってありますよね。私自身、届いたダンボールをすぐに開封しようとは思っているのですが、忙しいと後回しにしてしまうこともあります。しかしそのとき、「ああ、私って……」と自分を責めないで欲しいのです。できれば、3日以内にそのような生活を省みる時間を作るように心がけましょう。このような、『風水習慣』を意識するだけでも違うと思います。自分に無理して開運法をやり続けると、いつの間にかしんどくなって、運気どころか精神的にまいってしまいますからね。うまく自分のペースに合わせて取り入れてみてください。

第2章

やってはいけない悪魔のリビング

Livingroom

幸運を呼び込み、心休まる癒しのリビングへ

リビングは家族や友人が集まる空間です。お茶をしたり、テレビを見たり、ゆったりと過ごせる場所でもあります。リビングがないワンルームに住んでいたら幸運は呼び込めないの？　という方もご安心を。ワンルームでも落ち着くスペースがあると思います。そこを意識してみましょう。

ホテルで例えるなら、ロビーやエントランスのソファーラウンジが、まさにそこにあたります。ラグジュアリーでありながら、寛げる空間作りを徹底しているホテルが多いと思います。

そのような役割を果たすリビングは、風水グッズを多用するより、穏やかに過ごせるインテリアを意識してみましょう。そして、脚つきの家具を揃えるなど、床にモノを直接置かず、空気の通り道を確保してください。

以前、素敵な高級住宅街にあるお宅に、風水鑑定に行ったときのお話です。ご依頼主は風水がとっても好きな方でした。様々な本を読んで、徹底して風水空間を作っているとのことでしたが、運気が上がるどころか出費も増え、落ち着きがなくなったとお悩みでした。

お家に入ると、順番に玄関、廊下、寝室、洗面所にお風呂と問題はなかったのですが、一番奥にあるリビングに通されたとき、衝撃を受けました。部屋中にありとあらゆる風水グッズが飾られ、西側は目がチカチカするぐらい黄色とゴールドのオンパレード。観葉植物は10鉢も窓側に置かれていて、これではせっかくの陽も遮られてしまいます。重厚感のある家具に加え、モノトーンのメタリックなインテリア、でも少しヨーロピアンな雰囲気も……、リビング全体がチグハグなもので取り囲まれていました。これでは心が休まりませんね。環境学もバランスが大切です。ほどほどを心掛けましょう。

Bad!

テレビの前や上に物が置いてある

電化製品の上には何もないのが好ましい状態。発生した電磁波や熱が上昇するとき、分散するように空間を作ってあげてください。また、電化製品の周りは電磁波の影響で、ホコリが溜まりやすい場所。テレビなどの周りは物を置かず、すっきりと片づけましょう。

Bad!

電化製品のコードが絡まっている

テレビやライト、PC……リビングには電化製品が多いので、どうしてもコードがまとまらずに絡まったり、タコ足配線になってしまいがちです。ホコリが溜まりやすく、火事の原因にもなるので、テープや紐を使って、整えながらまとめるようにしましょう。

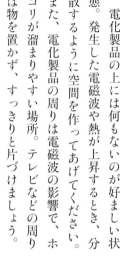

Bad!

食べ終わったものや食器が放置されている

リビングでリラックスしながらお茶やおやつを楽しんだあとは、食べ残しや食器をそのままにしないで片づけましょう。空っぽの缶やペットボトルは既にゴミと化しています。リビングに置きっぱなしにすると、出会い運を下げてしまいますよ。

Bad!

冬が終わってもこたつを出しっぱなし

寒い冬の時期は過ぎたのに、面倒くさくてこたつをそのまま放置してはいませんか？ホコリや邪気が一番溜まる床に、こたつ布団が触れているのは好ましくない状態です。日本には四季があるので、リビングのインテリアグッズも衣替えを意識してください。

Bad!

化粧道具やスキンケアグッズがある

リビングで、お食事もお化粧も身支度も済ませる方が多くいます。ワンルームであれば致し方ないのですが、できるだけグッズは置かないで収納しましょう。香水やアロマフレグランスなどはOKです。ワンルームの方は南の方角を向いてお化粧をすると吉です。

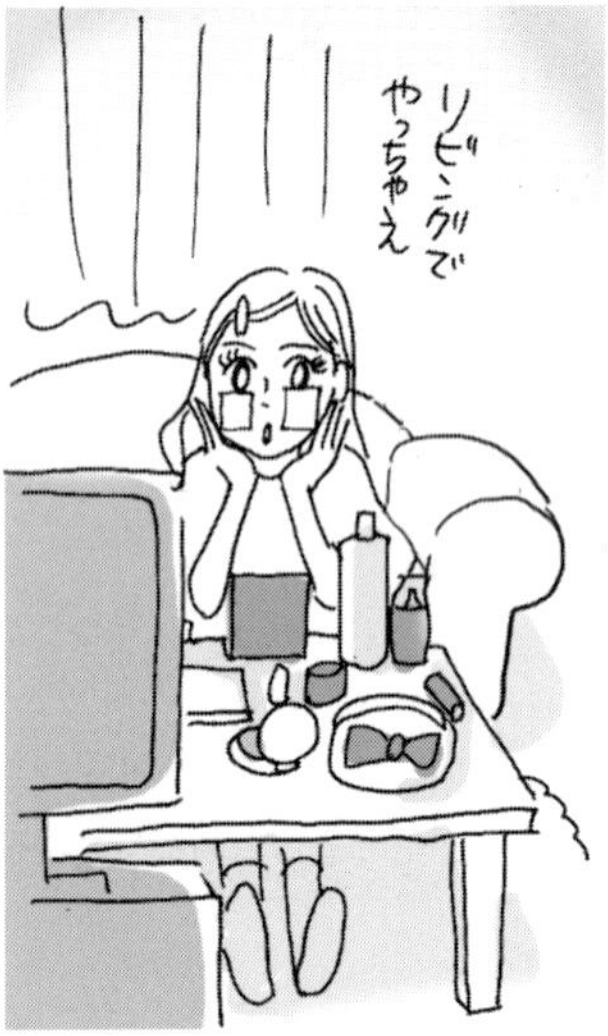

Bad!

フローリングや窓がベタベタしている

お部屋の中で一番大きな窓があるのがリビングです。お部屋がジメジメしていて、窓やフローリングがベタベタしている場合は、換気が小まめにされていない証拠。リビングに限らず、湿気が多い家は全体運が下がります。除湿器や空気清浄機で気を流しましょう。

第3章

やってはいけない悪魔のキッチン

対人関係の不和を取りのぞくキッチンへ

キッチンは、『火』と『水』という相反する気が循環している空間です。ここが汚れていたり整頓されていなかったりすると、対人関係の不和が絶えません。火は〝男性性〟を表し、水は〝女性性〟を表します。つまり、独身の女子のキッチンが汚れていると、それは男女の喧嘩を意味するので、ダメンズをも引き寄せかねないのです。ご家族の場合でも、家族間の不和や夫婦喧嘩が起こりやすくなるでしょう。また、住人の健康運全体を表す空間でもあるので、キッチンは対人面と健康運においてかなり重要な場となります。

ホテルの厨房を例にあげましょう。厨房では、水場には水場の、コンロには火を使う調理用具がそれぞれ常備されています。そのほうが効率も良く、調理場が活性化するからです。それは家庭でも同じこと。関係のないものは置かず、シンク回りにはシンクで使う用具、コンロ回りにはコンロで使う用具をしまうようにしましょう。

また、キッチンはリビング以上に電化製品が集う場所で、電子レンジや冷蔵庫、炊飯器に食器洗浄機と、電源をたくさん使います。運気をあげるにはコード類を整理しておくことが大切です。汚れやすい場所でもあるので、小まめな掃除は必須。数日放置しただけで、異臭がして空気も淀んできます。

本来はキッチンに窓があって常に喚起できればいいのですが、ご自宅の台所には窓がないという方も多いのではないでしょうか？　窓がないキッチンには、ウッド素材を取り入れると、『火』と『水』の気が中和されます。枯れにくい小さめの観葉植物を置いたり、木材の収納棚を使ったりするなど、普段から意識してみてください。ただし、濡れたままの木を放置すると、カビが発生して逆効果に。防カビコーティングされているものを選びましょう。

Bad! 使用・消費期限が切れたものがある

冷蔵庫の中に置いてある食品や調理料を、1カ月に一度はチェックしてみてください。使用期限や消費期限が切れたものがあるはずです。常備している調味料は別として、理想は数日分の食材を買って、すべて使い切ること。モノを溜めない習慣づけにもいいでしょう。

Bad! シンクの周りが雑多でものだらけ

水回りで使う食器用洗剤やスポンジ、たわし、フキン、石鹸などは、一カ所にまとめておくことをおすすめします。水垢が底につきやすいので、水気をきちんと切ることも大切。ごちゃごちゃ並べずに、必要最低限のお気に入りだけを置いておきましょう。

Bad!

冷蔵庫や台所の壁の予定表やカレンダー

多くの日本人家庭で、予定表やレシピなどが、冷蔵庫にマグネットで貼られているのを目にします。しかし『火』と『水』は、紙類を燃やして、反故《ほご》にしてしまうものです。そもそも冷蔵庫は放熱するものなので、そこに物があるだけで電気代にも影響がでます。

Bad!

素足でペタペタとキッチンを歩き回る

キッチンは『火』と『水』の相反する気を持っているので、とてもブレやすい空間でもあります。そのため、キッチンで得た〝ブレた気〟を他の部屋に持ち出さないように、キッチン専用のスリッパを用意しましょう。カラーはグリーンかブラウンをおすすめします。

Bad!

キッチンの入口を遮るものがない

キッチンの気が他の部屋にも影響を及ぼさないように、入口にはドアがあるのが一番いいとされています。しかし、火事の発生に備えて開放的に作られていることが多いもの。ドアの代用として、のれんや長めのレースカーテンを、つっぱり棒でつけましょう。

Bad!

冷凍・加工食品や缶詰・乾物だらけ

消費期限が長い食品を防災用に購入されている方もたくさんいると思います。しかし、風水的には、できたてのものを食すことがいいとされているので、あまりにも多いと健康運や金運が低迷しやすくなります。最低限のものにとどめて、溜め込まないほうが無難です。

第4章

やってはいけない悪魔のトイレ

Toilet

トイレの神様に愛されるために

小さい頃、〝トイレには神様がいる〟とおばあちゃんから聞いたことはありませんか？　私たちが消化した排泄物を流してくれるトイレは、水が常に溜まっていて、陰の気が充満しています。誰しもが好んで掃除をしたくない場所でもありますが、空気が淀み、よろしくない臭いが漂い、しかも雑多でゴミだらけだったら、神様も不機嫌になってしまいますよね。

ある地方では、トイレは〝あの世とこの世を繋ぐ場所〟だと考えられていたそうです。良いものも悪いものも出入りする可能性があると信じられていたからか、その地方ではトイレを家の外に設けているお家も多かったとか。しかもトイレには、ウスサマ明王という財運を上げてくれるご利益のある神様がいるという云われもあり、実際に祀る習慣もあったようです。

水場はお金回りや排泄物の浄化を行うため、トイレは金運と健康運に影響を及ぼす場所と言われています。風水の概念でいうと、トイレにはできるだけ換気機能が整っているといいでしょう。換気扇はもちろん、窓があるとさらに運気もあがります。ただでさえ水が溜まった陰の場ですから、陽の光を取り込んで、陰の気を中和させることが大切です。しかし、ワンルームタイプのお部屋やマンションは、施工の関係でトイレに窓がないことが多いと思います。その場合でも、陽の光が入らない代わりに、陽の気を足して、トイレ全体の陰陽のバランスを中庸に持っていくことが重要です。

また、最初にお伝えしたように、トイレ掃除は小まめにしましょう。以前、素手で便器を洗うと宝くじが当たるなどというジンクスも流れましたが、くじが当たるというよりも、日頃からそれくらい気配りをしている姿勢そのものが、幸運を引き寄せているのではないかとも思うのです。

Bad!

トイレ用品が丸見え

トイレに扉がある収納があればいいのですが、扉がない収納や、突っ張り棒で作り付けの棚を設置している場合は、そこをカフェカーテンで目隠ししましょう。トイレ用品が視界に入ると、もともと狭い空間にモノが詰め込まれているようで、雑多に見えてしまいます。

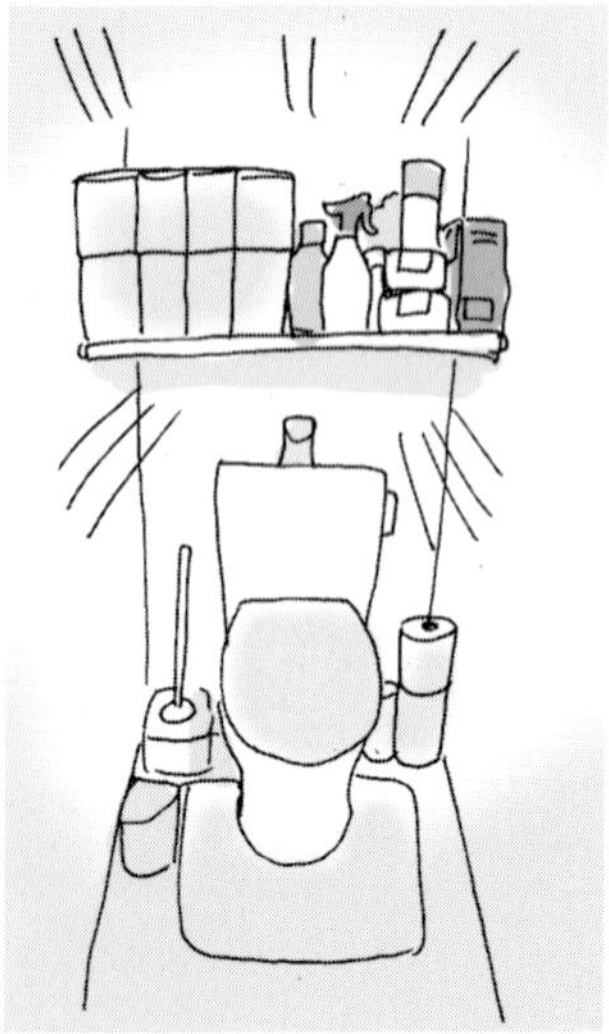

Bad!

関係のないものが色々置かれている

トイレは排泄をする場所であり、本を読んだり、カレンダーに予定を書き込んだりする場所ではありません。どんなにキレイに掃除していても、不浄の場であることに変わりはないのです。あくまでもその場で使うモノだけにとどめ、不要なものは片づけましょう。

Bad!

スリッパやマット、カバーが寒色

トイレは『陰』の気を放つ場所です。そこに『陽』の気を取り入れて中和させることで、中庸な空間へと変わります。窓がなくて暗い場合は、カバーやスリッパなどのトイレ用品を暖色にしましょう。陽だまりやお花、植物のポストカードを飾ることも効果的です。

Bad!

ユニットバスや、湿度が高い環境

トイレにはいつも水が溜まっているので、運気アップの大敵でもあります。そのため、常に湿気対策が必須です。炭には脱臭と除湿のダブル効果があるのでおすすめですが、市販の除湿剤でも構いません。タンクの下に置いておくといいでしょう。

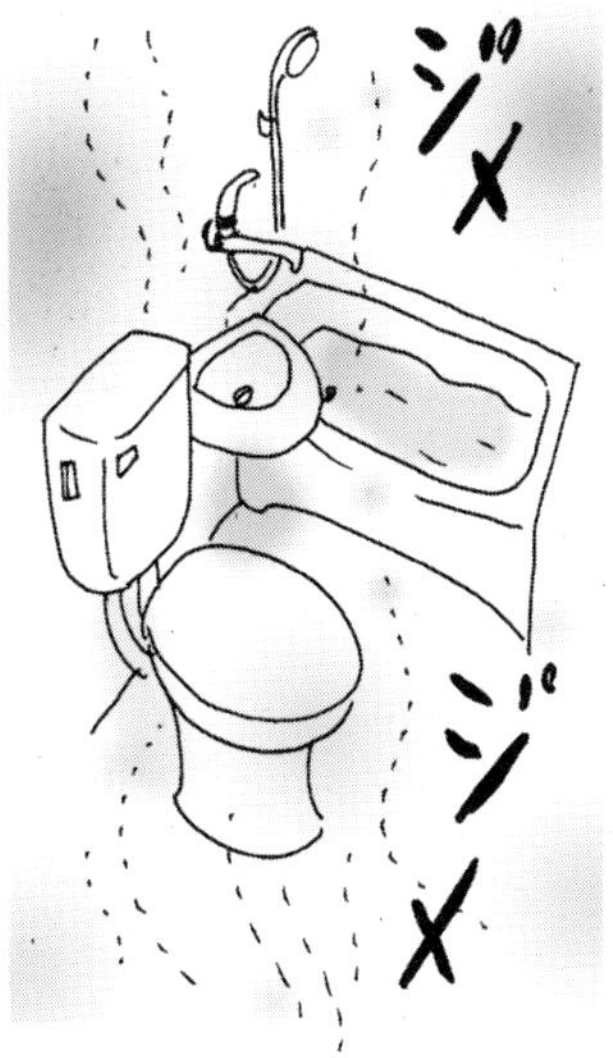

Bad!

かなり殺風景で何も飾られていない

水場は『木』との相性がいい場所。一番手っ取り早いのは観葉植物を置くことです。しかし、窓がないトイレではせっかくの植物が枯れてしまうことも。その場合は無理をせず、観葉植物の絵を、木製のフォトフレームに入れて飾ることをおすすめします。

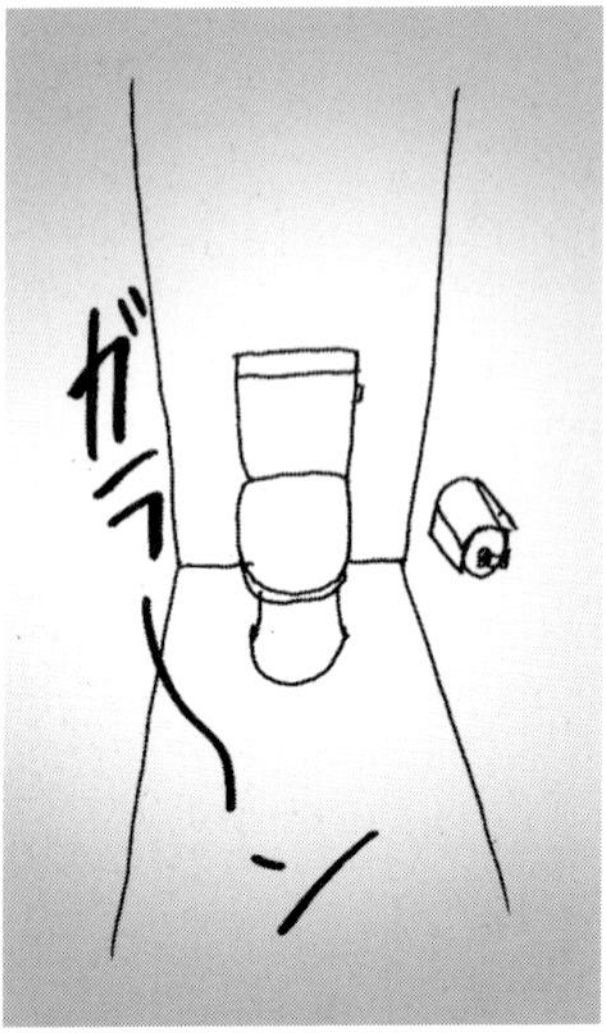

Bad!

窓がなくて暗い

トイレは悪魔が住み憑《つ》くと言われることもあるようです。そこでぜひ取り入れたいのが悪魔祓いに効果的な〝光〟。窓がなく、輝く太陽の光が届かなくても、クリスタルなどのキラキラしたものをトイレに飾ることで、邪気を払ってくれます。

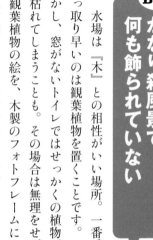

第5章

やってはいけない悪魔のバスルーム

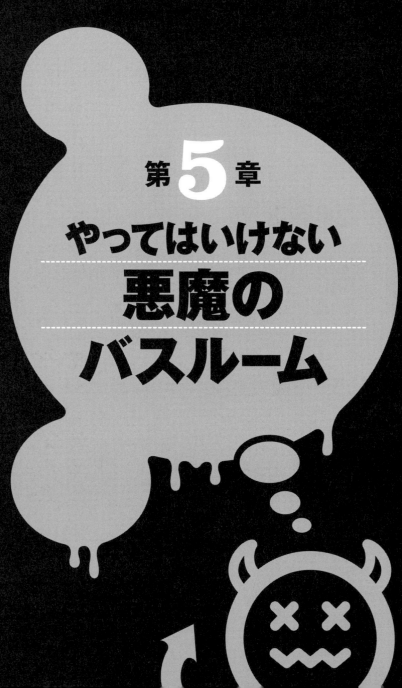

恋愛・出会い運・美容運が詰まった癒しの空間

バスルームは一日の疲れや汚れを洗い流す場所です。自分自身を洗い清めることで、新しい運が引き寄せやすくなるので、風水でいうと、恋愛運、出会い運、美容運に関係してきます。しかし、ここもまた水場なので、ジメジメしやすく、換気がうまくいかない場所でもありますね。トイレ同様、窓があるといいのですが、窓がないお家のほうが多いかと思います。実は、我が家もバスルームに窓がないので、24時間換気扇を回しています。梅雨の時期は除湿器を置いて、水滴がなくなるまで徹底的に換気に次ぐ換気。何度も繰り返しますが、風水において湿気は最大の敵です。日本は湿気がとても多い国としても有名ですから、湿気対策を満遍なく行って空気の通り道を作り、常に空気が循環するような空間作りを心がけましょう。

ワンルームタイプでは、ユニットバスの方もいるのではないでしょうか？トイレ、洗面台、お風呂が一体になっていて、ホテルでもよく見かける形です。一気に換気できる点はよいのですが、仕切りがないため、用途の異なるバスグッズ、洗面グッズ、トイレグッズのすべてがここに集約されるという悪い一面も抱えています。

また、『水』と『紙』は相性がよくないので、トイレットペーパーが湿ってしまったり、どれだけ工夫しても水が飛んでマットが濡れてしまったり……と、風水の点からユニットバスの問題を解決することは、本当に大変だと思うことがよくあります。そもそもユニットバスの住居に住まないことをすすめていくしかないのですが、現実はそうもいきません。まずは、やはり小まめに掃除をすることから始めましょう。できることからやっていく、それが毎日の習慣になることこそ、開運への第一歩に繋がっていくのです。

Bad!

カビが生えているところがある

水場の宿命、カビをとにかく防ぎましょう。お風呂に入ったあとの換気はもちろんのこと、カビやすい素材のものはバスルームには置かないようにするなど、ちょっとした工夫を取り入れてみてください。カビの予防のためにも、日々の掃除を欠かさないことが大切です。

Bad!

お風呂にふたをして湯水を使いまわしている

一度や二度入った湯水を捨てるのはもったいないと、何度も追い焚《だ》きをして入るのはやめましょう。また、節約のためにと、汚れが溜まったお風呂の湯水を洗濯に使うのもタブー。どうしても気が引けるという方は、粗塩を入れて清めてから使ってください。

Bad!

様々なことをバスルームに持ち込む

バスルームは身体を洗い清め、一日の疲れを取って癒す場所です。お風呂に入りながら様々なことをする方もいるようですが、バスルームは本を読んだり、食事をしたり、スマホをいじる場所ではありません。身体をしっかりと清めて温めることを意識しましょう。

Bad!

バスグッズがびしょびしょのまま

体調にもよりますが、基本的にお風呂は毎日入るもの。24時間ではバスグッズが乾かない場合もあると思います。それでも、お風呂を洗うスポンジや身体を洗うスポンジなど、できるだけ水気をとって、よく乾く場所に置くようにしてください。

Bad!

暗い色のバスグッズ

水場は陰の気を放っているので、黒のような暗い色のものを置くと、さらに陰の気を強めることになってしまいます。バスグッズはできるだけクリーンで明るい色のもので揃えてください。おすすめは、恋愛や美容にいいピンクやホワイト、アイボリーです。

Bad!

カミソリや電子機器が置かれている

お手入れで刃物を使うこともあると思いますが、バスルームに置いたままでは錆びてしまって、運気を下げることに。美顔器などの電子機器類も、水場と相性がよくありませんから、使用後は水気を拭き取って、バスルーム以外の場所で保管するようにしましょう。

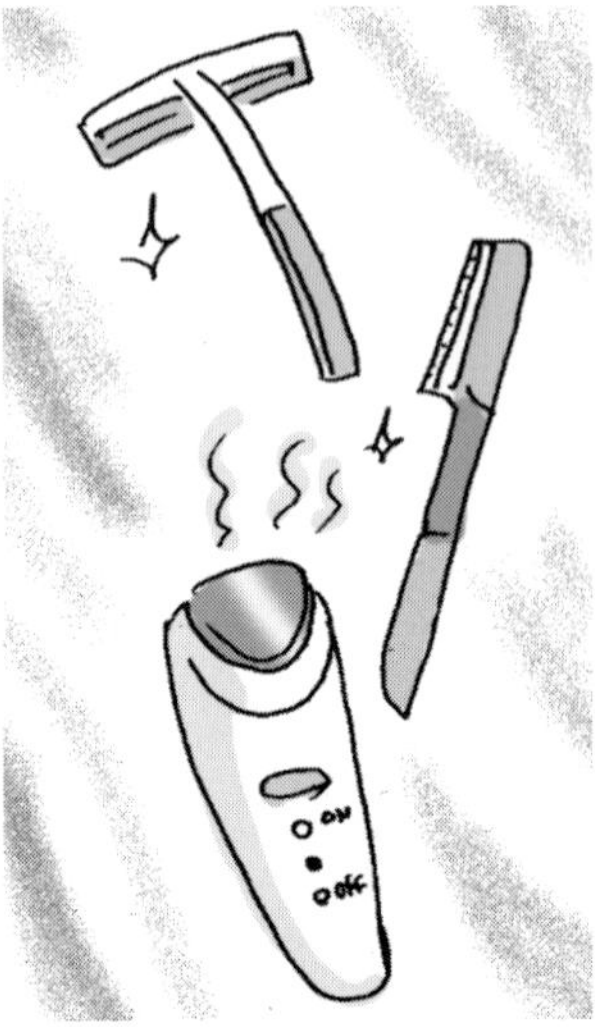

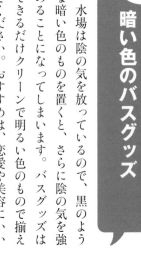

第6章

やってはいけない悪魔のベッドルーム

ゆったりとした心地良い睡眠が開運体質への近道

バスルーム同様、ベッドルームもまた、一日働いて疲れた身体を休める大切な場所です。人間の三大欲求のひとつ、睡眠欲を満たす場所でもあります。ここが雑多だったり刺激が強いものが多かったりすると、なかなか疲れが抜けません。風水においても健康運が大きく関係してきます。

寝ている間、人体では様々なことが起きています。消化や代謝はもちろん、スピリチュアルな面では〝気の循環〟が行われます。悪い気を消し、良い気や運が巡ってくるように整えてくれるのです。このサイクルが滞ってしまうと、良い睡眠が得られず、健康や実生活に支障をきたします。今まで様々な研究を重ねてきた結果、風水という環境学と、現代病である〝うつ病〟には関連性があると考えています。

うつ病の大半は、睡眠障害から始まると言われています。ストレスなどの影響もあるとは思いますが、それだけではないはずです。想像してみてください。部屋はジメジメしていて、カーテンも閉めっぱなし、お布団は万年床でベッド周りには様々な電子機器や食べカスが乱雑に置かれていて……、うつ病になる要素って、環境にもあるとは思いませんか？　やる気がない、だるい、疲れが取れないことに、空間も大いに影響しているのです。

そういった面からも、寝られればどこでもいいなんて言わず、ぜひ寝る場所や寝具にも気をつかってみてください。一日24時間あるうちの3分の1は睡眠に費やすのですから、質の良い環境で質の良い睡眠をトータルで得ることと、これが大切です。寝具には暗い色ではなく、明るくて落ち着きのある色、素材も体調や季節に合わせて変えてみましょう。ワンルームにお住まいの方は、ベッドやベッド周辺に気を配っていただければ問題ありません。

Bad!

寝具を干していない

日本は湿気大国。布は水を吸うので、寝汗はもちろん、お部屋の湿気も吸い取っていいます。湿気は開運の大敵ですから、一週間に最低一回は、お天気のいい日に寝具を外干ししましょう。太陽の気をたっぷり吸ったお布団で、ぐっすりと眠ってください。

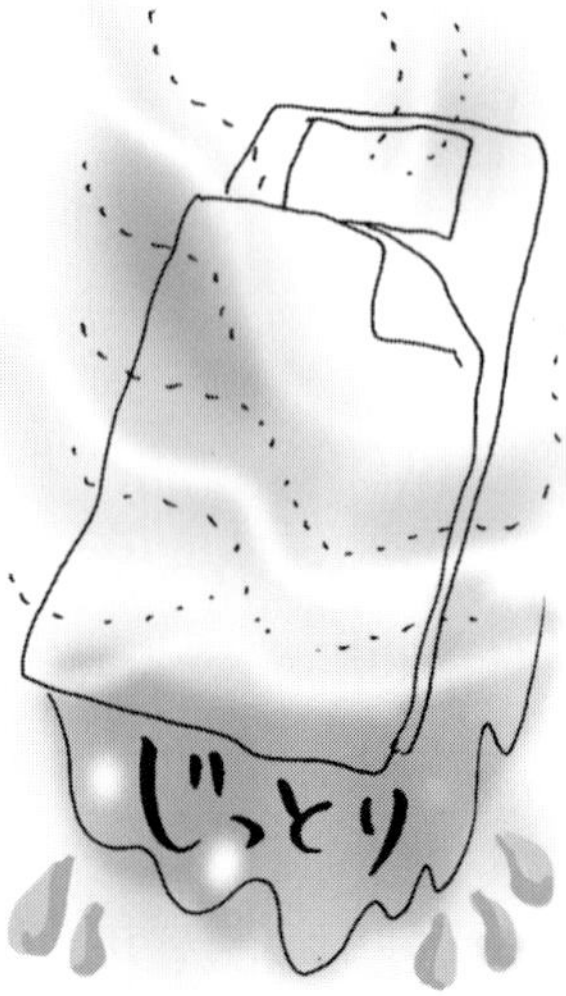

Bad!

枕の位置やカバーの色をまったく気にしていない

中国の風水では、北枕が吉とされています。お部屋の構造上、北枕で寝られない場合は、枕カバーに『北』が好きな寒色カラーをセレクトしてください。また、ドアを開けたらすぐに枕がある、天井収納など出っ張った箇所の下に枕がある状態は避けましょう。

Bad!

床にお布団を直接敷いて寝ている

床にはホコリだけでなく邪気も溜まっています。そのため、寝具には脚つきのベッドをおすすめしています。お布団で寝たいという方は、すのこの上にお布団を敷くか、敷布団をたくさん重ねて寝るようにしましょう。通気性を高めることで運気の循環がよくなります。

Bad!

テレビや鏡で寝姿を映している

電化製品があると、睡眠の妨げになるので、できるだけ寝室にはテレビを置かないようにしましょう。また、鏡やテレビに自分の寝姿が映っていると、気を吸い取られると言われています。置かないことが一番ですが、どうしても必要な方はカバーをしてください。

Bad!

お人形やぬいぐるみがいっぱいある

寝室に人形やぬいぐるみがたくさん置いてあると、自分を可愛がってほしいと甘えてきて、あなたを独り占めしたがります。出会いや恋愛運に恵まれたい方は、まずはそれらをしまうか処分したほうがいいでしょう。そのままでは異性との良縁を逃してしまいます。

Bad!

ベッドの下にコードや引き出しがある

ベッドの下には何もないのがもっとも好ましい状態です。電気コードやゴミ、引き出し収納などがある場合は、通り道が遮られて空気が滞ってしまうことに。そんな状態の上で寝ていては、疲れが取れにくいのはもちろん、運気もなかなか安定しません。

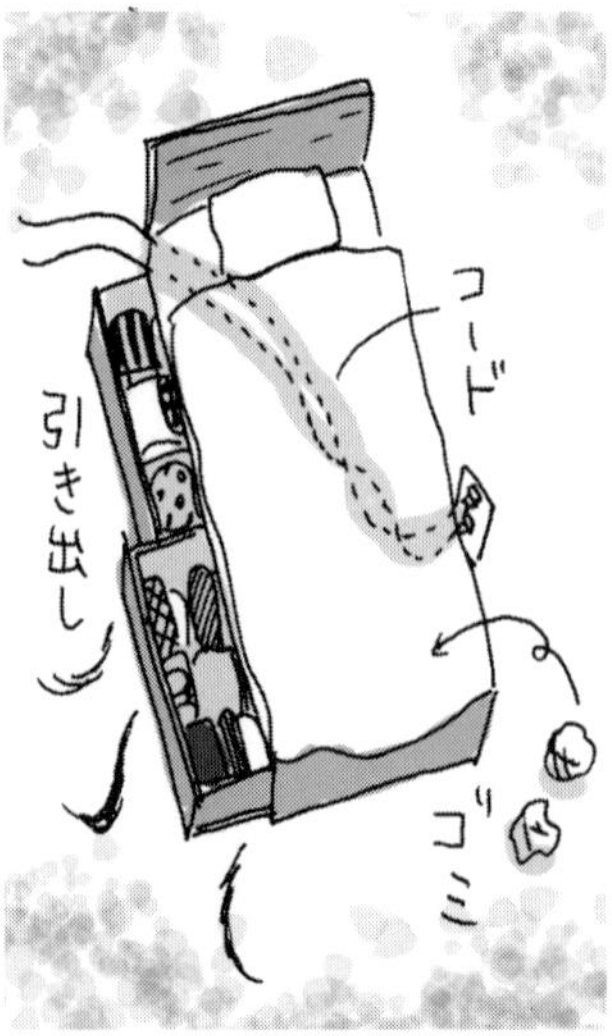

第7章

やってはいけない悪魔のバルコニー

Balcony

バルコニーは第二の玄関、お部屋の一部です

お庭やベランダ、バルコニーなどは、お部屋の風水とは関係ないと思われるかもしれませんが、これらもお部屋の一部です。風水鑑定をするときは、空気の出入り口のひとつでもあるので、必ずチェックをさせていただきます。

最近ではガーデニングも流行っていますね。様々な植物や野菜などを育てている方もいらっしゃるのではないでしょうか。そこから、落ち葉などのゴミや、見落としがちな排水溝の詰まりなど、色々な問題が出てくる場所でもあります。また、外気が入ってくる場所でもあるので、出入り口が汚かったり常に閉め切ったりしていると、気の循環が滞ります。

『風水』は漢字のとおり、〝風〟と〝水〟ですから、風、気の通り道はとても大切な場所とみなされているのです。

バルコニーは金運に関わってくる場所です。しかし、住居の形によってはバルコニーがなかったり、極端に小さかったりする場合もあります。自分の家にバルコニーがないからといって、金運が弱まるということではありません。しかし、バルコニーが設置されていない場合、部屋干しが多くなりますよね？　つまり、風水の大敵のひとつ、湿気がどんどん部屋に溜まっていくことになるのです。そうすると、ダニやカビが発生しやすくなりますし、畳のお部屋の場合、そこに布団を直に敷いて寝ていれば咳喘息の原因となることもあるかもしれません。大袈裟かもしれませんが、どんなに素敵な家具で風水対策をしていても、換気が上手になされていないだけで、お部屋の全体運は下がってしまいます。

物件を選ぶときは、できるだけバルコニーがあるお部屋を選ぶようにしましょう。外の光をたくさん取り込める環境が好ましいです。

Bad!

水の出入り口、排水溝が詰まり気味

ベランダやバルコニーには、雨水が流れていくように排水溝があるはずです。つい見落としがちなので、そこに落ち葉やゴミなど詰まっていないかをチェックし、すっきりとお掃除しましょう。排水溝は水の出入り口ですから、金運に関わってきます。

Bad!

バルコニーが倉庫がわりに!?

バルコニーに衣類を干すことはあると思いますが、着ない服を箱に詰めて置くなど倉庫のように使用してはいませんか？　書籍や本などの紙類、使わなくなった故障した家電……、バルコニーは決して収納する場所ではありません。すぐに撤去しましょう。

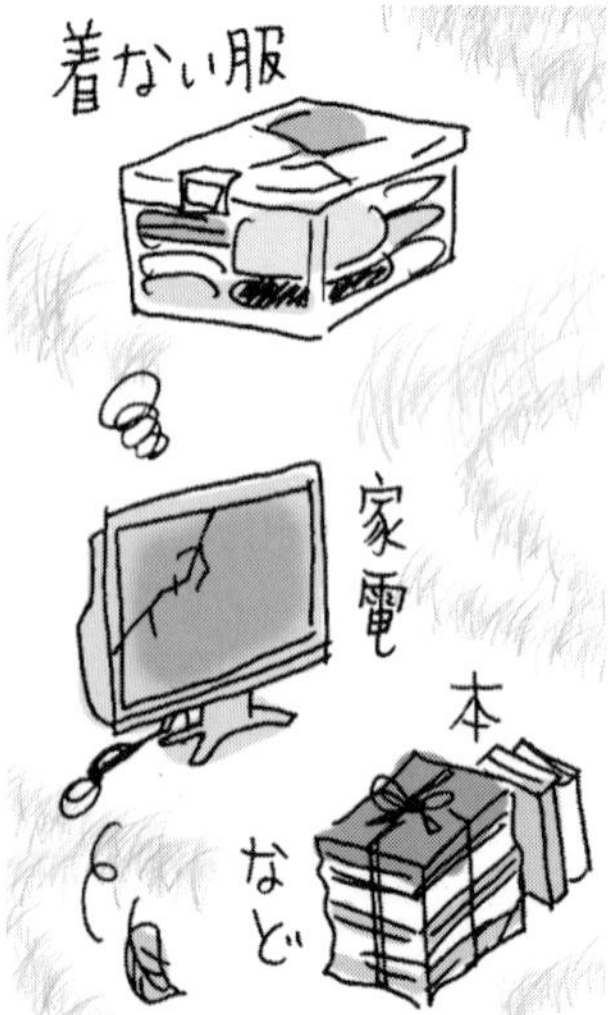

Bad!

大事な陽を遮る暑さ対策の日よけ

夏は強い日差しを避けるために、ゴーヤのグリーンカーテンやすだれで、日よけ対策をしているかもしれません。冷房の電気代を節約するための対策のひとつだとは思いますが、太陽の光はお部屋を浄化・殺菌します。できるだけ陽は遮らないほうがベターです。

Bad!

運気の入口に車輪は相性×

一階で駐車場が横についているような間取りは別ですが、マンションなどのバルコニーに自転車や三輪車を置くのは避けましょう。運気の入口は、車輪がついたものと相性がよくありません。車輪がついたモチーフなどもNG。別の場所に移動してください。

Bad!

東、南に置かれた棘のある化殺植物

東や南にバルコニーがある人は、サボテンなど棘がある植物は置かないでください。風水的にサボテンは、邪気を祓う〝化殺《かさつ》植物〟ですが、我が家はルーフバルコニーが北にあるので、邪気祓いに棘がある薔薇を育てています。東と南以外であれば有効的な植物なのです。

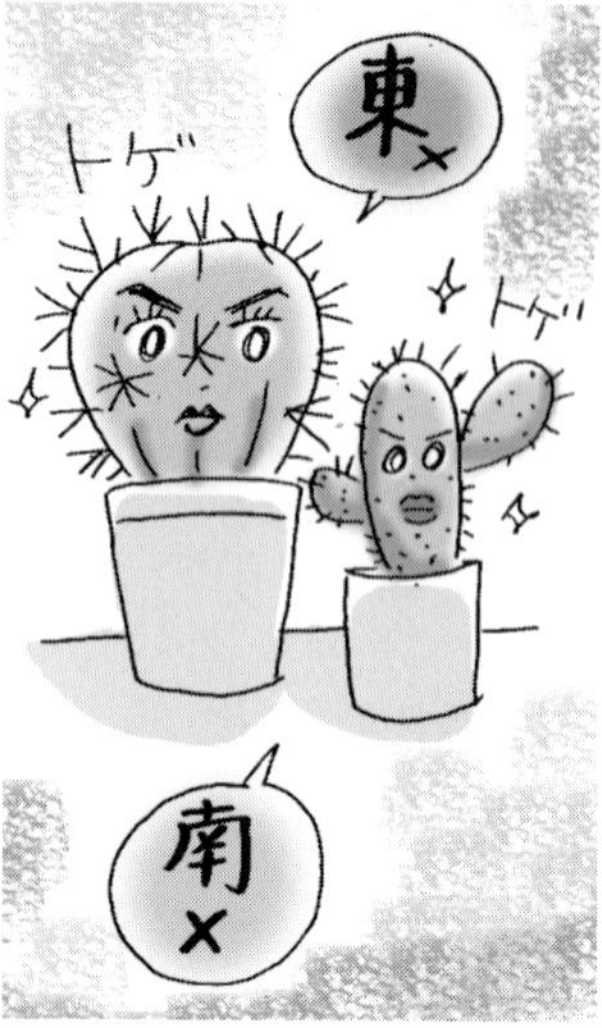

Bad!

垂れ下がって生える植物は運気もダウン

葉っぱやお花が垂れ下がるように生える植物は、運気を下げてしまう暗示になるので、バルコニーには置かないほうがいいでしょう。また、葉が枯れ始めたら、そのまま放置せずに定期的に取り除くことも大事。生き生きとした状態をキープするようにしましょう。

第8章

やってはいけない悪魔のクローゼット

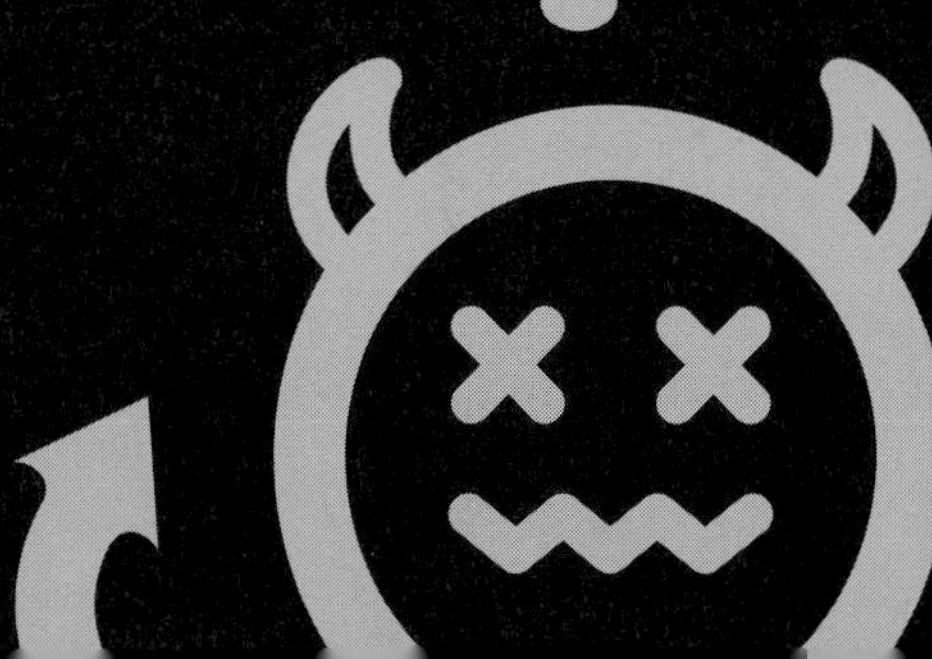

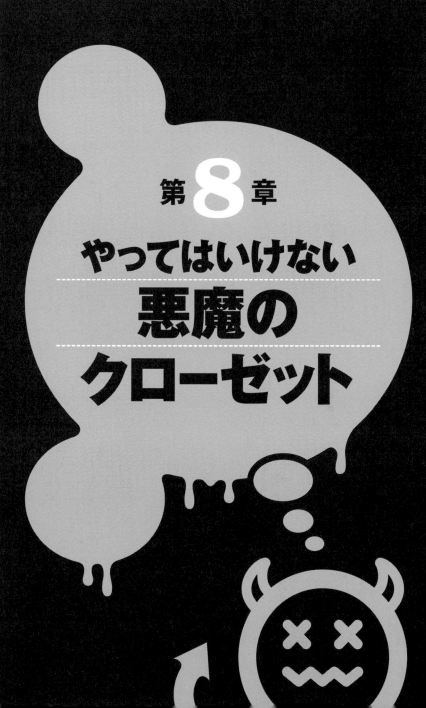

Closet

あなたが貯蓄できない理由は、クローゼットにあり！

お部屋の中における、クローゼットの役割は〝収納〟です。だからといって、「表には見えないから何でも入れちゃえ！」と思っていてはいけません。むしろクローゼットは閉め切られていて暗いので、湿気はもちろん、風水の大敵だらけの空間です。意外と見落としがちですが、実は様々な運を左右する空間でもあります。その中でも一番は『金運』、次に『仕事運』、最後に『恋愛運』、この3つが関わってくるのですから決して侮ってはなりません。

間取りによっては収納が一切ないお家も実際にありますが、その場合は収納家具があると思いますので、その中のものを綺麗に整理しましょう。

余談ですが、クローゼットの収納法がまだわかっていなかった頃の私は、お金の出入りが激しく、まったく貯蓄ができませんでした。親からあれほど

「暗いところは小まめに掃除しておかないとお金が貯まらないわよ！」と怒られていたにもかかわらず……。その後、整理することが習慣となり、着なくなったものは処分するようにしました。すると、気持ちがスッキリして貯蓄もできるようになりました。

また、『古着deワクチン』というサービスも利用しています。いらなくなった衣類やバッグや靴、服飾雑貨などをダンボールに詰めて送ると、世界の開発途上国の子どもたちにワクチンが届けられるのです。なんて素敵な企画でしょう！　自分にとっては不要品でも、それで社会貢献ができるシステムって素晴らしいですよね。

話はそれましたが、掃除や整理整頓は風水の基本中の基本です。ただ処分するだけでなく、リサイクルや社会貢献ができないかを調べて、挑戦してみるのもおすすめですよ！

Bad!

着た服をそのままクローゼットに戻す

まだ着られるからといって、一度着た服を洗わずにクローゼットに戻していませんか？着用した服には目に見えない様々なホコリや汚れ、汗などが付着しています。本書ではそれらも『邪気』と捉えます。新しい服や洗い立ての服と一緒にしまわないようにしましょう。

Bad!

ブーツや靴を服と同じ空間に収納

〝土足〟といわれるぐらいですから、外で履いた靴には、様々な邪気が付着しています。そんな邪気が付いた靴を、洗濯済みの綺麗な服が置いてあるクローゼットにしまうなんてもってのほかです。箱に入れたとしても同じこと、靴は靴箱へしまってください。

Bad!

2年以上着ていない服がしまってある

新品であっても古着であっても、2年以上使用していないものは処分しましょう。購入しても〝使われていない〟ということは、そのものに命が宿っていないということです。〝いつかは着る〟ではなく、〝いつまでも着ない〟と変換して頭に入れておきましょう。

Bad!

ジメジメしていて一年中暗い

繰り返しになりますが、風水において湿気は大敵なので、まずは湿気対策を。数日に一度で構わないので、クローゼットを全開にして、窓を開けて風を通しましょう。引き出しもできれば引き抜いて、陽が一番当たる場所に数時間置いておくと効果的です。

Bad! お気に入りの服は穴があいても着る

お気に入りのお洋服ほど、何度も着用して何度も洗濯を繰り返すので傷みも早いもの。穴があいても、糸がほつれていても、気に入っていたら着たくなる気持ちもわかりますが、やはり処分したほうがいいでしょう。新しい運気を取り込むためにも見直しを！

Bad! なんでもかんでもクローゼットに収納！

ダイエット器具やら掃除用具やら様々なものを一緒に収納しているかもしれません。とくに押入れだとこのパターンが多いようです。しかし、役割が異なるので、それぞれに合った収納を設けましょう。中には食品までしまっている人もいますが、もちろん論外です。

第9章

やってはいけない悪魔のオフィス・バッグ・お財布

Office

整理整頓や前向きな言動が仕事運をアップ

オフィスで忙しく働いていると、ついついデスク回りを散らかしてしまいますよね。私も会社員時代は、机の上に資料や文具、おやつにペットボトルと、何でも置いていました。すると当然「あれが見つからない！」と探し回ることになり、どんどん散乱していく羽目に……。もちろん仕事の効率も悪くなりましたし、当時はイライラすることもありました。しかも、会社のデスクは意外と大きく、引き出し収納もしっかりしていてたくさん入るはずなのに、なぜかすぐパンパンになってしまうもの。まずは、このデスク回りを整えて、仕事運アップを図りましょう。

オフィス内での行動も見直せば、さらに効率的なデキる人になっていきます。仕事の効率がいい人のデスクは、当時もやっぱり綺麗でした。

読者の皆さんの中には、ご自身で起業して会社を経営されている方もいるかもしれません。そんな方にも風水はおすすめです。起業してご自宅で仕事をしている方は、書斎を重点的にチェックしてみてください。ショップ経営の方はお店を、そして事務所がある方は、デスクの配置や全体のインテリアをガラッと模様替えするのもいいでしょう。

また、今後新しく事業を始めようとしている方に、物件選びのアドバイスを！　美容や健康に関するお仕事の方は、窓の位置が『南』か『南西』にある物件がいいでしょう。それ以外の大概の業種の方には『東』か『東南』に窓がある物件をおすすめします。

女性にとって南は吉方位で、美をつかさどる方角とされています。東は男性にとっていいとされる方角で、仕事運や出世運をつかさどります。物件選びで悩まれたら、ぜひ『東』や『東南』を意識して選んでみてくださいね。

Bad!

エントランスは邪気の入り口

風水における『気』の巡りは、高いところから低いところに流れるとされています。そこで、オフィスやサロンを持っている方は、エントランスの両サイドに、対で観葉植物を置くと良いでしょう。強くて枯れにくいグリーンがおすすめです。

Bad!

デスクの足元にモノがいっぱい!

デスクの足元に、モノをたくさん置いてはいませんか? 椅子の脚が収納できない、足を上手に伸ばせないといった状態は、あなたの健康運に影響を及ぼすことに。自然な体勢が取れないような障害物は、すべて取り除くことが大切です。

Bad!

ジメジメした足元だと陰の気が溜まる

陰の気は、最終的に床に溜まっていきます。一番いいのは、出社後に会社用のスリッパなどに履き替えることですが、それが難しい場合は足元に炭や除湿剤を置いておきましょう。香りがついているものでも問題ありません。オフィスでもぜひ湿気対策を！

Bad!

グレー、ブラックと華やかさのないデスク

デスクには観葉植物や生花を飾るのがいいのですが、それが難しい場合はお花の写真や、お花がプリントされているポストカードを飾りましょう。集中力をアップしたい方は、森林や海、水などの写真や寒色系のカラーを選ぶといいでしょう。

Bad!

集中力に欠け、作業効率が上がらない

デスクの配置によって、向きが限定されてきてしまうかもしれませんが、通信機器は『東』が吉とされています。そこで、パソコンを置く、またはパソコンで作業するときは東向きで行ってください。作業効率がアップして、仕事が活性化されます。

Bad!

刃物をデスクの上に出しっぱなし

ハサミやカッターなどの刃物を、そのままデスクの上に置きっぱなしにするのは避けたほうがベターです。必ず引き出しの中にしまって、表面に出さないようにしてください。鋭利で尖っているものは、凶とされているので、画鋲なども同様です。

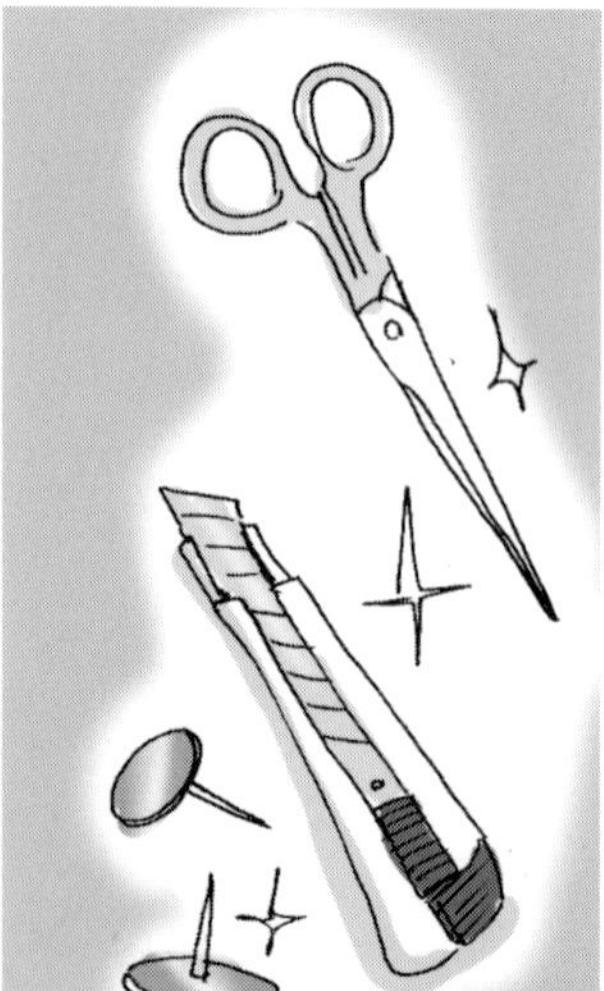

Bad! 毎日の挨拶をおろそかにしている

朝出社したときは、誰もいなくても「おはよう」の挨拶は欠かさずに。退社時も同様、「お疲れさまでした」と、オフィスに声をかけてください。挨拶は周囲に対しても、自分に対しても、一種の宣誓のようなものになります。声をかけるだけでやる気が増すはずです。

Bad! 怒られたとき、悪口や文句を口に出す

仕事をしていれば、理不尽なことに出くわす場合も必ずあります。上司や取引先に怒られたあとに出る文句や愚痴は、周りの人たちまで不快な気分にさせてしまうことをお忘れなく。ネガティブなワードは、できるだけ話さないように！

Bag

女性のバッグはトイレよりも汚い⁉

スマホや手帳、お財布にハンカチ、メイク道具、ちょっとしたおやつ……女性のバッグの中には実に様々なものが入っています。いつも手を入れたり出したりするので、目には見えなくても手に付着したばい菌で、バッグはひどく汚れています。

あるエビデンスによると、女性のバッグはトイレよりもばい菌が多いと言われています。しかも、収納されているものはプライベートで大切なものばかり。その点においても、風水による対策をほどこすことは有効だと感じています。最近では洗えるバッグもありますが、本革の質のいいバッグは自宅では洗えないので、クリーニングに出す習慣をつけましょう。

実は、バッグは風水対策をしやすいファッションアイテムのひとつです。

今市場に出回っているお洋服や小物、ヘアメイクなどは、学術的な風水の視点でいうと、完全にイコールとはなりません。しかし、これらは住まいではありませんが、自分をよく魅せるためのツールですよね？　そうなると、多少なりとも環境学と関係してきますし、手軽に取り入れやすい媒体でもあると思います。

恋愛運を上げたい方には、ピンク、ピンクベージュ、アイボリーなどのソフトカラーを、金運を上げたい方にはパープル、ゴールド、レッドなどくっきりとしたカラー、仕事運を上げたい方にはネイビー×ゴールド、ブラック×ベージュ、キャメル×ブラックなど、ツートーンカラーのバッグをおすすめします。最近ではバッグにスカーフやチャームをつけて、ひとつのバッグでも工夫次第で自分らしさを表現できるので、ラッキーカラーやラッキーモチーフも取り入れてみてくださいね。

Bad!

やたらと大きくてやたらと重い

通勤や通学のバッグはどうしても大きくなりがちです。できれば中くらいのサイズ感で、重すぎないものをセレクト。バッグが大きすぎると、その分たくさんモノを詰めてしまうものです。何でも入れるのではなく、きちんと整理して必要なものだけを入れましょう。

Bad!

クタッとしていて穴があいている

穴があいたバッグは、運気にも穴をあけてしまうことになります。きちんと処分して新しいものを買いましょう。気に入っていたり思い出があったり、どうしても捨てるのに躊躇してしまう場合は、修理に出して直してから使うようにしてください。

Bad!

細かいアイテムがバラバラに入っている

化粧品やアクセサリー、常備薬、文房具など、細かいものをそのまま入れると、気づけばバッグの中で迷子に。アイテムの種類ごとにポーチに小分けしてから入れる習慣をつけるといいですね。バッグ自体が長持ちするようになり、整理もしやすいはずです。

Bad!

バッグにチャームがじゃらじゃらついている

チャームやお守り、キャラクターのぬいぐるみなどを、やたらとバッグにじゃらじゃらとつけてはいませんか？　いくら可愛くても、つけるのは3つまで。情報量をできるだけ少なくすることで、新しい情報をキャッチしやすくなります。

Wallet

お財布美人が恋もお金も引き寄せる！

少なくとも一日に一回は、お財布に触れる機会があると思います。それだけ使う頻度が高く、私たちが暮らす資本主義社会の一端を担うアイテムのひとつだといえます。お財布を見れば、その人のキャラクターがわかるので、選ぶときは自分に似合うお財布をチョイスするといいでしょう。お財布も呼吸をしているので、素材は天然素材や本革がベストです。

「大体いくらくらいのお財布がいいのかしら？」と悩まれる方も多いのですが、安ければ安いだけの、高ければ高いだけの流れができるというわけではありません。大切なのは、あなたが使っていて心地いいかどうか、そして実際に金運に効果があったかどうかです。おすすめは大体2万円～8万円くらいの本革のお財布です。

私自身もお財布にこだわりすぎてしまい、風水を取り入れた日本製の上質な長財布を開発してしまったほど……。お財布は単なるお買い物だけではなく、デートのときも登場するので、出会いや恋愛にも影響を与えるものだと捉えています。あなたの印象がお財布でキャッチされることもあるので、逆に言えばお財布を重点的に工夫することで、様々なきっかけのスイッチアイテムにもなり得ると思うのです。つまり、お財布美人は恋もお金も引き寄せやすくなるというわけです。

たまに、お財布の中にお守りをたくさん入れるのは問題ないか聞かれることがあります。ほどほどであればいいと思いますが、たくさん入れすぎてお財布がパンパンになってしまうのは、さすがにアウトです。よく神様同士が喧嘩してしまうという人がいますが、神様は本来喧嘩なんてしないはずです。喧嘩すると決めたのは、人間のイメージやエゴによるものでしょう。

Bad! レシート類でお財布がパンパン

ついお財布の中にレシートを溜めてしまう方も多いのではないでしょうか？　できればお財布以外、もしくは外ポケットに入れることをおすすめします。出たお金の明細があると、財布自体が自分はそういう財布だとインプットするので早めに取り出しましょう。

Bad! 穴があいていたり、金具が壊れていたり……

穴があいているお財布は、金運にも穴をあけることになるので注意してください。また、ファスナーがスムーズに開かない、金具が壊れているなど、トラブルを抱えているものは早めに処分を。金運が落ちるどころか、貯まらないサイクルに陥ってしまいます。

Bad!

ひとつのスペースにお札も小銭も入っている

風水でいうと、小銭は『火』で、お札は『紙』を表します。一緒に入れておくと、火が紙を燃やしてしまう、つまりお札がなくなっていくという状況になります。お札はお札、小銭は小銭で、きちんと分けて収納できるお財布を手に入れましょう。

Bad!

有効期限切れや使わないカードを放置

食べ物と同じで、古くなったものやもう使わないもの、期限が切れているカードは、あなたの金運を腐らせることになります。逐一チェックをして、必要のないカードは今すぐ処分しましょう。もしかしたら使うかも、という考えは取り払ってください。

Bad!

折れているお札や汚い小銭が多い

お札や小銭を使うときは、折れていたり汚れていたりするものから使うようにしましょう。古いお金は、それだけ多くの人に使い回されてきて、様々な念がこもっているので、あなたのお財布に長居は無用です。先に使って、ピン札やきれいな小銭を残してください。

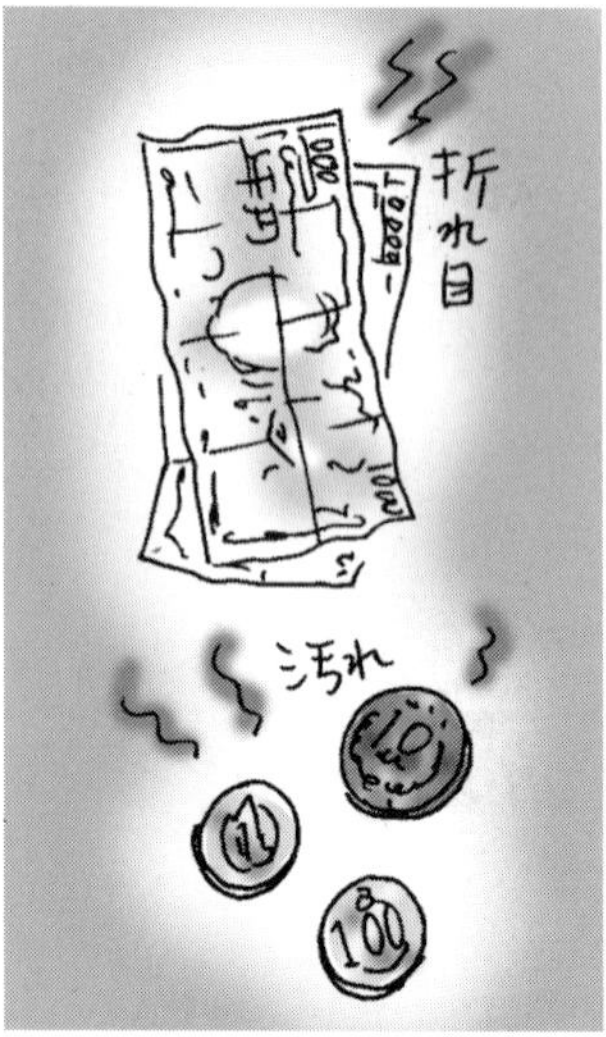

Bad!

固めの素材でパカッと開かない

口の開きが狭くお金を取り出しにくいものや、素材自体が固い場合、お金の循環が鈍くなりがちです。固い素材は、しっかりしていてプラスのイメージもありますが、基本的には避けたほうが無難です。お金というものは循環しないと得るものも少なくなります。

第10章

やってはいけない 悪魔のアクション

Action

ネガティブな言動は悪魔の思うツボ！

ゆうはん流風水には『衣・食・住』に加え、『心（感情）・動（行動）・術（仕事）』の側面もあります。ここでは『動（行動）』について考えていきましょう。〝魔がさす〟という表現がありますが、人の中に天使性と悪魔性が同居しているのは当然のことです。煩悩を考えると、悪魔性が占める割合のほうが多いのではないでしょうか。己の欲望を満たすため、知らず知らずのうちに自分本位な行動をしている場合も多くあります。そのような行動は、生活習慣を意識していくことで、天使のアクションに変えていくことができます。そして天使の習慣、行動をしていくと、徳を積む運命システムへと切り替わるのです。自分も他者も環境も、すべてがハッピーに調和して整ったとき、天使の行動ができていると自覚することができるでしょう。

アクションを起こす上で大切なことは、あくまでもプラスの意識です。できなかったとき、「自分がいけないんだ」というマイナスな意識は向けないでください。自分を蔑むことは、運命を引き算していくようなものです。引けば引くほど、自信がなくなり勇気が持てなくなります。これでは悪魔の思うツボです。だからといって、できないことや困難なことを我慢して行う必要もありません。あなたができるペースで、できるときだけ意識を向ければいいのです。今の自分を、第三者や理想の自分と比べないようにしましょう。

また、悪魔から天使へアクションが変化していくと、自ずと対人関係にも大きな変化が表れます。もしかしたら、ひどく傷つくような別れがあるかもしれません。しかし、その大抵は「最終的にはよかった！」と思えるような結果になります。アクションが変化する間に起こる運命の化学反応は、好転反応だと受け止めていきましょう。

Bad!

「でもでもだって」ちゃんになっていませんか？

「でも～でも～だって～」と言い訳ばかり繰り返してはいませんか？　この口癖が多い人は、自分の悩みを誰かに話しても、他人の意見は聞かずに、自分が納得のいく答えをもらおうとします。いくらアドバイスをしても聞き入れないのですから、話すほうも疲れますよね。人は思い通りの答えを返してくれるわけではないということに気づけば、運気の流れもよくなっていきます。

Bad!

ネガティブに考えてしまうことを否定する

人間は、古代から飢餓状態を味わってきた生き物です。そのため、常に不安や悩みや焦りといったネガティブ思考に陥りやすくできています。昨今は、ネガティブな発言や発想はよくないとする傾向がありますが、人間の運命回路には、悪運を回避するためにネガティブ思考が必要なこともあります。ネガティブになってしまう自分を否定すればするほど、解消することはできません。

こんなネガティブじゃダメだよね
ダメ…ダメ…

Bad!

日々の行動パターンがいつも一緒

人生には様々な出会いがあります。毎日同じルートを歩き、同じお店にばかり行っていれば、出会いの幅は広がりません。もし現状を打破したいのであれば、いつもと違う道を歩いたり、新しいお店を開拓したりしましょう。これは対人関係にも影響を与えます。いつも同じ人といるのではなく、対人関係が循環するように、新しい出会いに繋がる行動を取りましょう。

Bad!

〝隣の芝生は青い〟現象

人と人は比べ合うようにできています。隣の芝生が青く見えるのも、運命の性なのでしょう。しかし、自分の芝生を耕す努力もせず、他人の綺麗な芝生に嫉妬して「なんであいつだけ！」とやきもきするのは運命のエネルギーロスです。あなたはあなたの資質に気づくための努力をすべきです。他人と同じように耕しても、あなたの芝生が綺麗になるとは限らないのですから。

Bad!

必要なものはすべてネットショッピングで購入

良い運気は外からもたらされることが多いもの。家の中にずっといても大きな変化は起こりません。最近では実際に商品を見なくても、ネットで必要なものを手に入れることができます。しかし、お洋服や陶器、インテリアなど、『衣、食、住』に関わるものは、実際に手に取ってから購入したほうが愛着も沸きます。すべてをネット通販で済ませないようにしましょう。

Bad!

髪のお手入れを怠る、やたらといじる

髪は不浄なものが付着しやすいとされています。毎日のヘアケアはもちろん、季節の変わり目にヘッドスパや毛穴クレンジングをすると効果的です。髪の毛をいじる癖がある人もいますが、不浄が付着しているのでご注意を。髪をまとめるなどして、不潔な印象を与えないヘアスタイルを保ちましょう。3カ月に一度は、美容院で綺麗に整えてください。

Bad!

自分の本質をわかっていない

自分を制せずして人生を制することはできません。この世は自分探しの旅、占いは自分の本質を知るためのツールであり、依存したりさせたりするものではありません。自分の本質がわかっていないと何をすればいいのかわからず、運命が空回りを始めます。そしてそのうち、それを人のせいにしてしまうのです。客観的な意見にも耳を傾けつつ、努力と行動を重ねていきましょう。

Bad! 自分の可能性を自分で決めつける

「私にはこれくらいしかできない」と自分で自分の可能性を制限してはいませんか？　相談業を行っている方でも、クライアントの運命や心理を「あなたはこうだから」と決めつけてしまう人がいるかもしれません。しかし、主観で自分の可能性を制限してしまうと、運命の幅は広がりません。一歩間違えれば、自分の運命を脅迫してしまうことにもなりかねないのです。

Bad!

口にするだけで行動に移さない

ああなりたい、こうありたい、とただ思い描くだけで実際に行動や努力をしていない――そんな有言不実行はもうやめましょう。行動のきっかけになるので、言葉にすることは大事です。しかし、それに向けた行動や努力をしなければ、実現は困難です。しかも、それを繰り返していけば、どんどん運命は怠惰なものとなります。できることからでいいので、まずは実行を。

Bad!

家に閉じこもってばかりいる

私のような仕事は、家からほとんど出ない日が続くこともあります。しかし、外界と接する時間が少ないと、様々なチャンスが減り、交友関係や出会いも広がることはありません。新しい発見や好奇心を刺激されることで人生の可能性は広がっていき、視野も広くなるのです。できるだけ外へ出かけましょう！　ただし、無理は禁物。疲れているときはゆっくり休んでください。

Bad!

無闇やたらとパワースポット巡りをする

あらゆるものがそうであるように、神社仏閣やパワースポットにも自分との相性があります。無闇に行くことは控え、必ず目的をもって、その目的に合う場所を探しましょう。また、そのような場所は願い事をかなえるというより、自分自身に宣誓をする場所なので、あくまでもバックアップと捉えてください。実生活での自浄努力を怠らないことが何よりも大事なのです。

Bad!

身につけるものにイミテーションが多い

お財布やバッグは本革を選ぶことをおすすめしています。革も呼吸しているので、自分になじんでだんだん味が出てくるのです。自然素材、天然素材を使うことでパワーもチャージされていきます。安いからとイミテーションをたくさん持つより、数点の高価な本物を大事に長く使い込むという考えに切り替えてみましょう。これはモノを増やさない方法のひとつでもあります。

Bad!

何かのせいにしないと気が済まない

人は、本能的に傷つくことを避けようとします。責任を取りたくなくて、誰かや何かのせいにしてしまうこともあるでしょう。しかし、恐れてばかりでは、いつの間にか自信を失い、答えや指針を他人に強く求めるようになります。本当に困ったときは誰かに相談していいと思いますが、最後は自分自身で決断を下すことが大事です。それもまた自己責任であることをお忘れなく。

Bad!

自分の器以上に頑張ろうとする

人にはそれぞれの器があって、別の人はできても自分にはできないこともあれば、自分はできても別の人にはできないこともあります。ところが最近、自分の器以上に頑張ろうと空回りして、器用貧乏、資格貧乏になってしまう人たちの相談が増えています。大切なのは、自分の器と他人の器は違うものだと認識することです。自分は自分、他人は他人。自分らしさを活かしましょう。

食べながらtwitter見てネットショッピングしつつドラマも流し見して…
マジ!?

Bad!

食べながら、スマホしながら、仕事しながら

〝ながら行動〟が多ければ多いほど、力が分散していき、集中力も散漫になります。やることに優先順位をつけて、ひとつひとつ丁寧にクリアしていくように心がけましょう。それぞれに集中できるので、ミスも防げるはずです。また、〝ながら行動〟ばかりしていると、あっという間に時間が経っているということも。ひとつひとつを大事にして、焦らず順番に行いましょう。

第11章

魔女の お清め・ お祓い風水

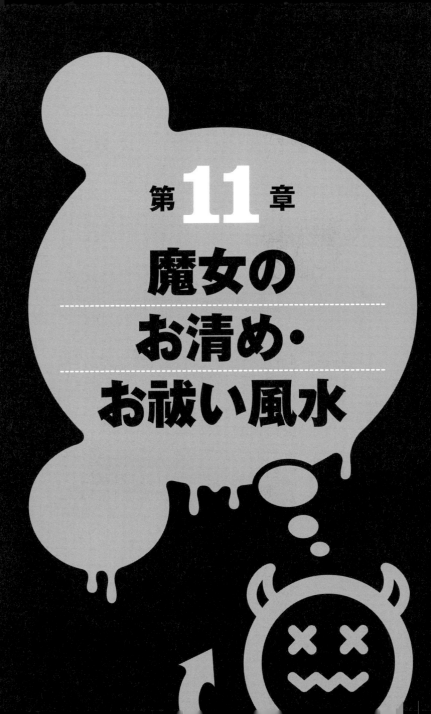

Great purification

お部屋に溜まった悪運を清めて、邪気退散へ！

お部屋をパワースポットにするためには、邪気を祓い、悪運を清める必要があります。手っ取り早く誰にでもできるお祓い方法は、ズバリ！『お掃除』です。とくに、『箒（ホウキ）』は魔女のお祓い道具として、古くからの言い伝えがあります。箒で部屋に溜まった邪気、つまりホコリやゴミなどを祓い捨てることがお清めへの第一歩です。ホコリやゴミが溜まっている部屋に、風水対策をして素敵な家具やインテリアグッズを置いても、まったく意味がありません。まずはしっかりとお部屋のホコリとゴミを祓いましょう。

次にお清めです。ホウ酸や薬草などで作る、魔女のお清め用の水のように、水や消毒系のミストを使って、ホコリやゴミを祓ったお部屋を拭いてくださ い。拭き掃除もまた、床などに染みついた邪気を祓うお清め作業です。

そして最後に、しっかりと風を通して換気すれば、お部屋全体が清くスッキリとすることでしょう。これが誰にでも簡単にすぐできる、お祓いとお清めです。汚いホコリやゴミだらけの部屋に盛り塩をしたり、神社のお札を飾ったり、ご霊符を貼ったりしても、一切効果はないと思ってください。まずはそれらを活かすための『場』を作らないといけません。ご自身のお部屋をパワースポットにしていくことで、お部屋での充電空間が、あなたを祓い、清め、運を引き寄せやすい体質へと導いていってくれるでしょう。

次のページからは、あなたのお部屋に今どれだけ邪気が溜まっているかをチェックしながら、それに合ったお手軽なお祓い法やお清め法を書いていきたいと思います。「それじゃあお片づけ本じゃないか」と思う方がいるかもしれません。しかし、風水は環境学です。お片づけなくして運は引き寄せられません。清めた空間で風水対策をして、運の循環を円滑にしていきましょう。

ペットとして、鳥、亀、蛇を飼っていませんか？

中国では、鳥は飛ぶもの、亀は川に返すものとされています。出世や金運発展を願って、購入した鳥や亀をわざと空に放ったり、川に放ったりする風習があるような存在です。ペットとしてずっとお部屋の中で飼って、鳥かごや水槽などで自由がきかない状態にしてはいませんか？　そのような飼い主に、幸福はやってくることはないと伝えられています。

これがお祓い？　お清め？　と思われるかもしれませんが、これらの動物はそもそもペットとして飼うべき存在ではないので、お部屋や飼い主に不幸や悪運をもたらす可能性が大変高くなります。飛ぶものを飛ばさせない、狭い水槽で自由が奪われる状態は、飼い主の状態に直結します。八方ふさがりで出世できず、金運にも恵まれず、本来発展するはずの運命もほとんど発展しない、もしくは発展が遅くなる可能性が高まります。蛇も同様、元々神様の使いとしての神聖な役割があります。不自由な空間に閉じ込めておくだけで、邪気が溜まっていく流れとなります。つまり、飼ってはいけないペットを飼うことで、運気が下がるということです。仕事が絡む場合などをのぞいて、動物園へ行くことも含め、一般家庭でこれらをペットにするのは避けてください。現在飼われている方は、ペットが寿命をまっとうするまでは責任をもって飼い、その後はできる限りこれらのペットは飼わないほうが望ましいでしょう。

新居や引っ越し先は、入居する前にお清めを

土地に新築を建てるときは、昔から、地鎮祭、上棟祭、新室祭などが執り行われます。しかし、マンションや中古物件などを賃貸や購入するときは、ほとんどの場合が行われない儀式です。そこで、新居でも引っ越し先でも、入居前に簡単で誰にでもできるお祓いやお清めをおすすめしています。もしやっていなかった方は、ぜひ次の引っ越しの際に取り入れてみてください。

新居や引っ越し先が決まると、入居前に鍵を渡されるかと思います。受け渡された日にすぐ引っ越しをせず、7日〜10日ぐらい余裕をもってから入居しましょう。私が教えるお清め法は、7日〜9日かかります。マンションは7日、一戸建ては9日と考えてください。

これは賃貸でも持ち家でも同様のお祓いとお清めです。まずは、新しく住む土地の神様（氏神様）にご挨拶しましょう。できれば、『神札』、『お清め砂』か『お清め塩』を買ってください。神札は『天照（アマテラス）』と書かれたものであれば、全国の神社で大なり小なり扱っています。その神札を、新居の『東南』側に面が見えるように飾りましょう。壁掛けのラックなどに置いても大丈夫です。お清め砂、もしくはお清め塩は、なければ粗塩で代用してください。そして、ティッシュでも構わないので白い紙を二つ折りにした上に、軽く盛り塩をして、各お部屋の四隅に置きます。

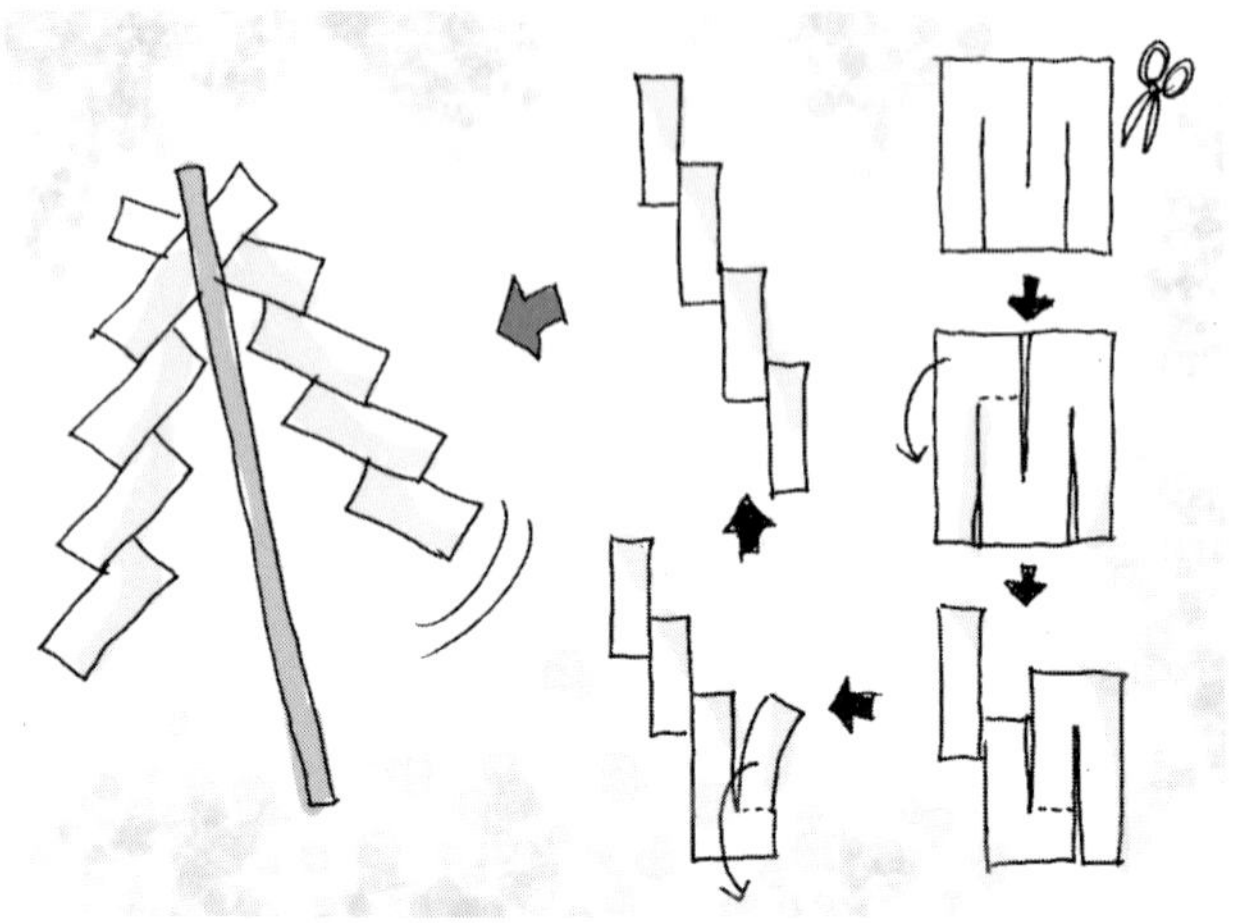

それが終わったら、上記のイラスト図のように、『紙垂《しで》』を作りましょう。神社のお祓いで見たことがある方もいると思いますが、これは雷の稲妻をかたどったものです。雷などの大きな音は、邪気や鬼を祓って五穀豊穣をもたらす神様だといわれています。今後の発展と豊穣を祈って、自分で作成した紙垂を各部屋で「左↓右↓左」と振って清めましょう。

そのとき、声に出しても心の中でも構わないので、「祓いたまへ、清めた

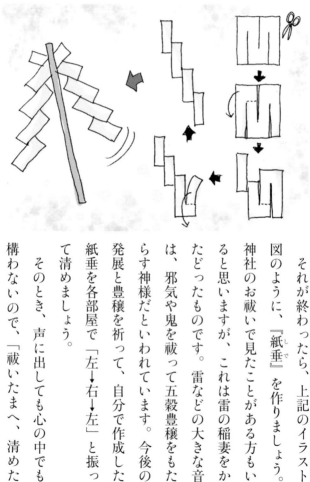

まへ」と3回唱えながら行ってください。トイレ、キッチン、バスルーム、玄関なども忘れずに。その後、紙垂は天照の神札を置いたラックに置いておきましょう。終わったら部屋を出て、また2、3日後に塩が固まっていたり、水でびしゃびしゃになったりしていないかをチェックしに行きます。もしそのようになっていたら、新しいものと取り替えておいてください。これをマンションは7日、一戸建ては9日間行います。最終日になったら、神札と紙垂が置いてあるラックだけを残して、盛り塩はすべて撤去しましょう。撤去したら、すべての部屋の窓と玄関のドアを開けて、1時間以上しっかり換気してください。時間帯は、できれば陽のある日中に行うのがよいでしょう。最後に、お部屋すべての床という床を乾拭きして、翌日の入居日に備えましょう。

ブラックソルトとホワイトソルトでお清め

あなた自身のお清め法で一番簡単なのは、『入浴』です。塩風呂や酒風呂という言葉を聞いたことがあると思いますが、おすすめはやはり塩風呂。とくにヒマラヤのブラックソルトはお清め力が大変高く、お肌のトリートメントにも最適です。ヒマラヤ岩塩にはホワイトソルトもあるので、ブラックソルトとホワイトソルトを半分ずつ混ぜて入浴をするとより効果的ですよ。

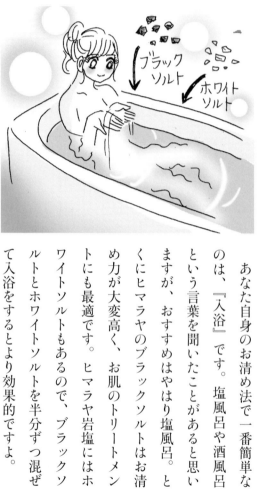

ブラックであなたの陰の気、ホワイトであなたの陽の気のバランスを調整してくれます。同じヒマラヤソルトを使用するのがベターですが、なければヒマラヤ以外のブラック＆ホワイトソルトでも構いません。量はひとつまみずつで十分です。また、塩風呂の後のお湯は、溜めておかずに捨ててください。二次利用や追い焚《だ》きはできるだけ避けましょう。温度は熱すぎず、冷たすぎない40度ぐらいがおすすめです。体調などのバランスを見ながら、15分~20分ほど入るようにしてください。あがったあとも身体がポカポカし、翌朝は疲れがすっかり抜けていることでしょう。ただし、風邪をひいているときや熱があるとき、心臓疾患や高血圧の方は、長時間の塩風呂は禁物です。

塩風呂は邪気を祓い清めるだけでなく、身体はもちろん、心やネガティブな出来事も洗い流してくれます。嫌な気持ちや感情は、塩風呂につかりながら吐き出して、リセットするつもりで捨ててしまいましょう。

お部屋がアンティーク品や中古品、骨董品だらけ

古く趣のあるデザインに惹かれる方も多いでしょう。かくいう私もアンティークが大好きで、たまに気に入ると購入することがあります。しかし、それらには『人の思念』が染みついている場合が多くあります。どういうルートを辿ってきたのか不明確なものは、あまりおすすめできません。経緯がわかっている上で、お清めしてから大事に使っていくのが良いでしょう。

だからといって、アンティーク品や中古品、骨董品ばかりを日常的に使っていくのは風水的によくありません。販売者であれば別ですが、一般的な趣味でこれらを大量に並べていると、古い思念にしばられ、新しい息吹が入ってこなくなります。古着やリサイクル品を安く手に入れて使うことは、確かにエコではあります。しかし、以前の持ち主が運の悪い人だったら、もしくはお金の事情で手放していたり、遺品整理などのワケアリ品だったらどうでしょう？　あなたにもその思念が影響することだってあり得るのです。どうしてもという場合は、使う前に清めましょう。衣服や靴はクリーニングをしてから、天日干ししてください。洗濯をするときは、洗剤以外に粗塩もひとつまみ入れます。家具などの大きいものは、天気の良い日にバルコニーなどに出して、陽の光をたっぷりと吸収させましょう。万が一、使い出してから不運に見舞われることが増えてきたら、執着せず処分してください。

不運が続いている人はパワーストーンを身近に

パワーストーンは、暗い地中の闇の中、様々な化合物と組み合わさり、長い年月を経て我々の手元にやってきます。何千年、何百年もの間に刻まれた地球の記憶が宿っていると私は感じています。もちろん宝石も、お祓いや邪気祓いに大変有効です。邪気を祓うのにおすすめなのが、『煙水晶（スモーキークォーツ）』と『ルビー』です。最近不運が続いている人は、一度これ

らのパワーストーンを身につけたり、玄関に置いたりすることで、状況が好転するかもしれません。お清めに効果的なのは、『水晶（クリスタル）』と『魚眼石（アポフィライト）』。水晶は大変有名ですが、私は水晶が結晶化したアポフィライトをおすすめします。輝きはもちろん、何よりクリアリング力がぴかいちです。次に、邪気祓いのお守りとして携帯しやすいのが、チベット原産の『天眼石』です。眼のようにみえる独特な柄が邪気を祓い、身につけている人の守護石になると信じられています。また、霊感が強く、霊障やスピリチュアルアタックに悩まされている人は、『紫水晶（アメシスト）』が良いでしょう。紫は高貴な色とされていて、スピリチュアリズムの中でも崇高なカラーです。このカラーを普段から身につけるように心がけて、お部屋の気になるところに、アメシストのさざれやクラスター、予算に余裕があればドーム型のものを飾ってください。

Column 2

誰にだって完璧にできないことはたくさんあると思います。片づけや整理が苦手、お料理が苦手など得意不得意はそれぞれなので、できないことは誰かに任せるのも私はありだと思っています。本著では運気を良くするために、もちろん数々のやって欲しいことがあるのですが、絶対や完璧を求めなくても、すべてをやろうとしなくても良いとも思うのです。ストレスになるぐらいなら、片づけを業者に委託することもできますし、便利な世の中なのですから利用しない手はありません。この本の中で"ひとつ"でもできたら、それは素敵な開運ライフのきっかけに必ずなると思うのです。

第12章

事故物件のお清め・お祓い風水

自宅に霊がいるかどうかを確かめる

高齢化が進み、部屋での孤独死などが増えてきた昨今。事故物件サイトなどを見ていると、身近な場所で誰かが亡くなっていることがわかり切なくなるものです。オーナーさんや大家さん、賃貸不動産業者なども、事後対応が大変でしょう。

私はここに着目して、2016年から事故物件向けのお祓いとお清めを、住職さんと組んで行うようになりました。そこでは家相鑑定と今後のアドバイスをしていくのですが、そのとき亡くなった方の霊を強く感じることが多々あります。しかし、私たちが思っているほどのおどろおどろしさは無く、住んでいたときの『思念』がお部屋にまだ宿っている気配がするだけで、実際の霊は既にいない場合が大半です。

『死人に口無し』という言葉がありますが、実際の事故物件現場のほとんどはそのような状態です。つまり、生きている人間がその気配を過剰に膨らませて、恐ろしいものを作り出している場合があるのです。私はその経験から、死んだ人よりも生きている人の思念のほうが怖いと感じています。

しかし、ご自身が亡くなったことを自覚していない、自殺など無念の死を遂げてしまった場合には、実際に霊が住み憑いてしまっているケースもあります。そこで、次のページからは、お部屋に霊が住み憑いているかどうかのチェック法と、簡単にできるお祓い・お清め法をお伝えしたいと思います。

事故物件に一度誰かが住んだら、その人の退去後は通達義務がなくなるので、知らずに住んで体調を崩したり、対人関係が崩れたり、金運や恋愛運に恵まれなくなったりすることがあります。最悪、うつ病になったり事故にあったり、自殺願望が出てくることもあるので、ぜひ参考にしてください。

Bad!

事故物件チェック①

事故物件、または霊の通り道になっているお部屋に人は長く住めません。あなたが今住んでいるお部屋に以前住んでいた方は、どれぐらいで退去されたか、どれぐらいのサイクルで住居者が変わっているか、ご近所さんにヒアリングしてみましょう。

Bad!

事故物件チェック②

霊は『水場』を大変好むため、お部屋の水場に染み憑いていることがあります。その場合、換気扇を回しているのに乾きが遅い、雨が降っていないのにジメジメしている、除湿機を使っているのにすぐ湿っぽくなるなどの現象が起こります。注意してみましょう。

Bad!

事故物件チェック③

手っ取り早いのは、引っ越しする前に事故物件サイトで検索しておくことですが、サイトに載っていない物件もあります。契約するときは必ず、以前どのような方が住んでいたのか確認を。同じマンションやアパートの住人に聞くのも良いでしょう。

Bad!

事故物件チェック④

透明のカップに8分目まで日本酒を入れ、玄関において2週間放置してください。黄色くなる、カビが表面に出るようなときは、霊が染み憑いている可能性があります。日本酒は湿気や温度などで状態が変化しますが、基本的に2週間でそこまではなりません。

事故物件対策①

霊は香りが強いもの、煙、塩、酒、聖水、神社などのお守り、綺麗な部屋、風通しの良い場所を嫌います。お香を焚いて煙で部屋を浄化したり、塩、酒風呂に入ったり、清らかな水を飲むようにしましょう。神社のお祓い守りなどを持つようにするのも良いでしょう。

事故物件対策②

染みや邪気は床に溜まるので、除湿と床掃除を徹底してください。定期的にフローリングを水拭きして、絨毯の場合は小まめに掃除機をかけましょう。除湿剤、炭、除湿機などを駆使して、湿気対策もしっかりと。我が家の除湿機も一日で2リットル溜まるときがあります。

事故物件対策③

波長を合わせない、気にしない、と鈍感になりましょう。染み憑いていなくても、霊が通り道として使う場合があります。私もよく遭遇しますが、空気がかすったものと思い込んで流しています。波長を合わせると染み憑くので、何かを感じてもスルーする癖も大切です。

事故物件対策④

思いきり遭遇してしまった場合は、不動明王の真言、「ノウマク サンマンダ バザラダンカン」を心の中、または口に出して3回唱えましょう。不動明王は不浄のもの、邪気、魑魅魍魎を焼き尽くす能力を持っています。お不動様を気になる場所に置くのも良いでしょう。

あとがき Conclusion

運命は変えることができます。運を悪くすることも、良くすることも、基本的には自分次第です。そこに関わってくるのが、どんな環境で、どんな人と関わり、どんな経験を積んできたかです。片づけをして、風水対策をしただけで、本当に運命なんて変わるの？　と思う方もいるでしょう。確かに絶対の保証はありません。しかし、汚くてホコリとゴミだらけで、陽の当らない刑務所のような住空間と、整っていて陽が当たり、風通しの良い住空間と、どちらが落ち着いて過ごせるでしょうか？　ご自身の環境は、精神状態や人生にまで影響してくる大切なものです。様々な開運法がある中で、風水はもっとも取り入れやすい環境学だと感じています。ご自分のペースで構いませんので、できることから実践していきましょう。仮にできなくても、いつかできるタイミングが来たときに挑戦してみてください。

2014年の11月から出版をはじめ、今回で4冊目の作品となりました。この本は、お部屋の陰陽を『天使と悪魔』に分けることで、対比で見せられたらいいなぁと企画し、実現したものです。著者としてはまだまだ駆け出しの私ですが、書きたいことはまだまだあります。ひとりでも多くの方が読んでくださり、人生の指針のひとつとして役立てばと、心からの思いを込めて書いています。毎年、様々な風水本が出版される中で、私の本を手にとって読んでくださるだけで本当に嬉しいものです。携わってくださった皆様、編集者様、そしていつも応援してくださる読者の皆様に感謝いたします。

もっともっと、自分を好きになっていってくださいね。

愛新覚羅ゆうはん

プロフィール

愛新覚羅ゆうはん
あいしんかくら・ゆうはん

占い師、風水師、開運ライフスタイルアドバイザー、デザイナー。

1981年2月8日中国黒龍江省ハルビン市生まれ。

映画「ラスト・エンペラー」で知られる清朝の皇帝・愛新覚羅一族の流れをくむ。5歳のときに来日し、桑沢デザイン研究所を卒業後、北京大学医学部に留学。

帰国後は、アパレル企業の広報宣伝などを経て、幼少期から備わっていた透視能力に加えタロットカードや占星術なども生かし、「ジョカ」の別名で占い師デビュー。当初鑑定していた医療・教育関係者の間で話題となり、10年で延べ15,000人以上を鑑定。占い・風水スクール『PRIMAVERA』を主催し、デザイナーとしてのプロデュース開運アパレルブランド『Ryujyu ～龍樹～』も手がけ、全国でセミナーやイベントを開催するなど、多岐にわたって活動をしている。


著書に「恋とお金を引き寄せる姫風水」（扶桑社）「恋とお金の神さまに教えてもらった魔法の赤風水」（主婦の友社）「間取りを気にせずできる！やったほうがイイ風水」（日本文芸社）

愛新覚羅ゆうはんの公式・コンテンツリスト

公式コンテンツ

愛新覚羅ゆうはんの公式サイト
http://aishinkakura-yuhan.com/

愛新覚羅ゆうはんの占い・風水スクール「PRIMAVERA」
http://aishinkakura-yuhan.com/primavera.html

愛新覚羅ゆうはんのマジカルオンラインショップ
http://yuhan.shop-pro.jp/

愛新覚羅ゆうはんのニコニコ動画「もっと奥まで」
http://ch.nicovideo.jp/yuhan

開運アパレル「Ryujyu ～龍樹～」
http://www.ryujyu.net/

メディアコンテンツ

愛新覚羅ゆうはんのファンクラブ「MIMIEDEN de YUHAN」
https://yuhan.foryou.life

LINE占い「開運鑑定！愛新覚羅ゆうはん」
占い@nifty「愛のスピリチュアリスト ジョカ」
Ameba占い館SATORI「開運鑑定！愛新覚羅ゆうはん」
恋愛の神様DX「愛のスピリチュアリスト ジョカ」

装丁・本文デザイン／長谷川有香（ムシカゴグラフィクス）
取材協力／藤原 綾
イラスト／菜々子
校正／東京出版サービスセンター
DTP／伊大知桂子（主婦の友社）
編集／加藤紳一郎（主婦の友社）

やってはいけないブラック風《ふう》水《すい》

著　者　愛新覚羅《あいしんかくら》ゆうはん
発行者　荻野善之
発行所　株式会社主婦の友社
〒101-8911
東京都千代田区神田駿河台2-9
電話03-5280-7537（編集）03-5280-7551（販売）
印刷所　大日本印刷株式会社

 Printed in Japan ISBN978-4-07-419319-6

■乱丁本、落丁本はおとりかえします。お買い求めの書店か、主婦の友社資材刊行課（電話03-5280-7590）にご連絡ください。
■内容に関するお問い合わせは、主婦の友社（電話03-5280-7537）まで。
■主婦の友社が発行する書籍・ムックのご注文は、お近くの書店か主婦の友社コールセンター（電話0120-916-892）まで。
＊お問い合わせ受付時間：月～金（祝日を除く）　9:30 ～ 17:30
〔主婦の友社ホームページ〕http://www.shufunotomo.co.jp/

た-123101